› SILKE BEHLING

Viel Pferd für wenig Geld

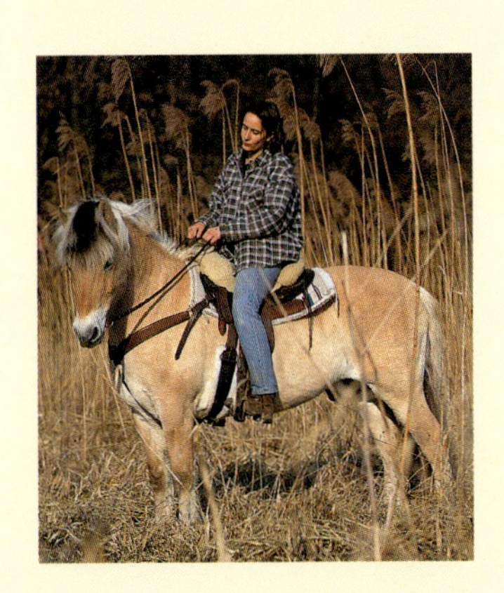

KOSMOS ratgeber

Das leibliche Wohl

Serviceteil

Viel Pferd für

wenig Geld

„Reiten ist teuer!" „Das kann ich mir nicht leisten!" Das muss nicht sein. Wenn Sie im gleichen Atemzug sagen: „Ich würde gerne reiten!", dann sollten Sie wissen, wie Sie viel Pferd für wenig Geld bekommen. Reiten ist nämlich gar nicht so teuer, wie Sie denken.

Eigenes Pferd ist Goldes Wert

Reiten kostet Geld. Ja, aber tut das nicht jedes Hobby? Und es muss längst nicht so teuer sein, wie Sie gerade denken. Natürlich kostet die Anschaffung eines eigenen Pferdes eine ganze Menge Geld. Aber auch dabei kann man sparen. Überlegen Sie sich doch einmal, was für ein Pferd Sie brauchen. Nein, nicht von was für einem Pferd Sie geträumt haben ... Denn wenn Sie von einem Überflieger im Dressurviereck träumen, M-Springen gewinnen wollen, in Reining-Prüfungen glänzen wollen oder von 100-Meilen-Ritten träumen, muss ich Sie gleich zu Anfang enttäuschen: Beim Kauf solcher zukünftigen Stars können und sollten Sie nicht sparen. Pferde, die Hochleistung bringen sollen, müssen bestens dafür ausgebildet werden – und das kostet nun einmal Geld.

Das richtige Pferd für mich

Wenn Sie sich nun überlegt haben, dass Sie nicht unbedingt jedes Wochenende auf einer anderen Turnierprüfung siegen möchten, sondern viel lieber gemütlich durchs Gelände bummeln wollen, dann muss Ihr Vierbeiner nicht gar so teuer sein.
Besondere Talente werden besonders teuer verkauft, aber wenn Ihr zukünftiges Pferd vielleicht gar nicht 1,80 Meter hoch zu springen braucht oder den Sliding-Stop schon beherrschen muss, dann haben Sie es gleich viel einfacher bei der Suche nach Ihrem Pferd.

Geld sparen als Reiter? – Das geht auch.

Ein Pferd mit solider Grundausbildung ist völlig zu Recht etwas teurer.

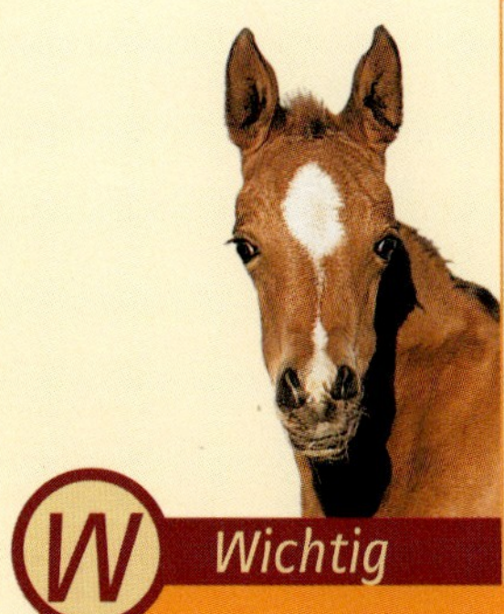

Die Qual der Wahl

Wenn Sie nun wissen, wie Sie gerne reiten wollen, haben Sie vielleicht auch schon die Pferderasse im Kopf, die dafür besonders geeignet ist. Und: Die Rasse macht's. In vielen Fällen hängt von der Rasse Ihres Pferdes auch der Preis ab.

W Wichtig

Die Korrektur von verrittenen Pferden kostet sehr viel Geld! Achten Sie immer auf eine sorgfältige und schonende Ausbildung von Anfang an!

Cow-Sense?

Wenn Sie westernreiten möchten, dann sollten Sie wissen, dass ein talentiertes Quarter Horse nun mal ein paar Euro mehr kostet als ein solider Haflinger. Für ein Paint Horse oder einen Appaloosa, der besonders schön gezeichnet ist, zahlen Sie ebenfalls etwas mehr. Wenn Sie aber nicht unbedingt Meister in einer speziellen Disziplin werden möchten, dann können Sie wahrscheinlich mit einem robusten Haflinger oder Norweger ebenso glücklich werden (und auch unter diesen gibt es sehr erfolgreiche Turnierpferde!).

Das Westernpferd schlechthin: ein Quarter Horse

An dieser Stelle sei eine Lanze für die oft als stur verschrieenen Robusten gebrochen: Stur und dickfellig werden nur Pferde, mit denen ruppig umgegangen wird. Suchen Sie ein solides und sorgfältig ausgebildetes Pferd, dann wird es auch willig und sensibel im Umgang und beim Reiten sein! Ganz egal, ob es ein Quarter oder ein Haflinger ist.

Taktklar

Wenn Sie Gangpferde reiten möchten, dann denken Sie wahrscheinlich an Isländer, an Tennessee Walking Horses oder andere amerikanische Gangpferde? Leider gibt es dann für Sie nicht viele günstige Alternativen. Gute Pferde mit guter Gangveranlagung sind teuer. Einzig töltende Traber sind manchmal etwas günstiger zu haben. Achten Sie bei diesen aber darauf, dass sie von erfahrenen Profis ausgebildet wurden. Wenn Sie nämlich selbst einen Traber mit Gangveranlagung ausbilden möchten, dann sollten Sie schon sehr gut reiten können. Andernfalls wird Ihr vermeintliches Schnäppchen teuer: Guter Beritt kostet (berechtigterweise) gutes Geld! Und das ist nicht nur bei Gangpferdetrainern so ...

Tipp

Kleine Pferde – kleine Preise? Das stimmt manchmal tatsächlich: Viele robuste Ponys, die auch einen Erwachsenen tragen können, bekommen Sie oft günstiger als einen großen Warmblüter.

Hoch hinaus

Wie ich vorhin bereits angekündigt habe, kann ich Ihnen wenig Alternativen anbieten, wenn Sie ein Pferd für den großen Sport suchen. Aber wenn Sie „nur" ein wenig springen möchten oder Ihnen ein Start in einer E-Dressur oder A-Dressur genügt, dann stehen Ihnen eine Menge Rassen zur Verfügung. Allen voran: der Warmblüter. Und nicht jedes Warmblutpferd ist teuer! Hervorragende Abstammung und außergewöhnliche Veranlagung werden hoch gehandelt, aber ganz normale Freizeitpferde sind viel häufiger – und viel erschwinglicher!

Alles ist möglich. Aber auch viele andere Pferde- und auch Ponyrassen sind hier geeignet. Haflinger machen oft in der Dressur eine ganz anständige Figur, Connemaras können häufig prima springen, Welsh Cobs tragen ebenfalls problemlos einen Erwachsenen und kosten nicht gleich die Welt.

Mit Sieben-Meilen-Stiefeln

Wenn Sie zu der wachsenden Zahl der begeisterten Distanzreiter gehören, träumen Sie sicher von einem Vollblut-

Zwei echte Allrounder: Araber und Haflinger

Ein Springtalent! Ein gutes Turnierpferd findet sich eher bei Profiausbildern.

araber. Keine Frage, Vollblutaraber sind die erfolgreichsten Pferde im Distanzsport. Aber wussten Sie auch, dass schon mal ein Norweger den dritten Platz in einer Europameisterschaft gemacht hat?
Sie brauchen also in der Regel gar kein besonderes Pferd zum Reiten von Langstrecken. Die wichtigste Voraussetzung ist ein gesundes, gut trainiertes Pferd. Die Rasse ist dabei zweitrangig.
Wenn Sie aber ehrgeizige Ziele haben und von einem Hundertmeiler träumen, dann sollte Ihr Pferd nicht zu schwer sein. Schlanke Typen haben es auf langen Strecken nun einmal leichter. Aber ein Vollblutaraber mit einem Stammbaum bis zum Propheten Mohammed muss meist teuer bezahlt werden und ist nicht wirklich nötig. Gute, also gesunde und leistungsfähige Araber gibt es aus verschiedenen Zuchtlinien.
Achten Sie darauf, dass Ihr Araber aus so einer Leistungslinie kommt, denn die Rasse allein ist noch keine Garantie für ein leistungsfähiges, rittiges Pferd.
Und wenn es kein Araber sein muss: Aus dem Osten kommen auch geeignete Distanzpferde wie z.B. Kinskys oder Achal Tekkiner.

Check

Rasse-Tipps

Andalusier:	schicke Dressur- und Showpferde
Appaloosa:	bunte Westernpferde
Araber:	der Langstreckenläufer schlechthin
Camargue:	kompakte, temperamentvolle Dressurpferde
Connemara:	springfreudige Ponys, auch für Erwachsene
Criollos:	robuste Pferde der südamerikanischen Gauchos
Deutsches Reitpferd:	Dressur-, Spring- und Freizeitpferde mit Allroundtalent
Fjordpferd:	kräftige, freundliche Ponys, auch für Erwachsene
Freiberger:	kräftige, gutmütige Freizeitpferde
Friesen:	Dressur-, Show-, und Fahrpferde
Haflinger:	Allroundponys, auch für Erwachsene
Isländer:	beliebte Gangpferde
Kaltblüter:	Arbeitspferde, mit denen man auch Freitzeit-reiten kann
Quarter Horse:	das Westernpferd schlechthin
Welsh Cob:	kräftige Dressur- und Fahrponys, auch für Erwachsene

Einfach nur Freizeitreiten?

Wenn Sie nun aber gar nichts Besonderes erwarten? Keine vier bis fünf Gänge? Kein atemberaubender Spin? Keine 160 Kilometer Ausdauer? Sie wollen einfach nur ein bisschen reiten?
Nichts leichter als das: Die Welt ist voll von den unterschiedlichsten Pferderassen, die sich eigentlich alle für den normalen Freizeitreiter eignen! Nicht zu vergessen, all die Rassen-Mix-Pferde, die natürlich nicht weniger liebenswert sind.
Sie können sicher sein, es ist für jeden etwas dabei! – Allerdings sollten Sie wissen: Je exotischer Ihre Wunschrasse ist, desto teurer ist sie. Pferderassen, die es oft gibt und die jeder kennt, sind günstiger. Ein typisches Beispiel dafür sind Haflinger; sie kann man zum Reiten und zum Fahren einsetzen. Das Wichtigste ist immer – egal für welche Pferderasse Sie sich entscheiden – dass das Pferd gesund ist. Denn nur dann werden Sie und Ihr Pferd viel Spaß miteinander haben.
Lassen Sie sich auch nie davon verführen, ein günstiges Pferd ohne Papiere „vom Fleck weg“ zu kaufen – nach dem Motto: „Zum Freizeitreiten reicht es!“ Ein Equidenpass gehört immer dazu. Genauso, wie die Ankaufsuntersuchung selbstverständlich sein sollte, wenn Sie nicht das Glück haben, einen Tierarzt in Ihrem Bekanntenkreis zu haben.

Ob Dressurlektionen oder Geländereiten, Hauptsache, es macht Ihnen Spaß!

Die schwarzen Perlen: Friesen

Wo kaufen?

Und wo bekommen Sie nun eines dieser Traumpferde her? Es gibt verschiedene Möglichkeiten: die örtliche Lokalzeitung, eine Pferdefachzeitschrift, das Internet, ein Pferdehändler oder ein Züchter.

Die Lokalzeitung

Ihre örtliche Lokalzeitung hat vielleicht nur einen kleinen Anzeigenteil mit Pfer-

den und Sie müssen etwas länger suchen, bis Ihnen überhaupt eine Anzeige gefällt. Aber dafür sind die angebotenen Pferde in Ihrer Nähe, so dass Sie nicht Hunderte von Kilometern fahren, bis Sie ein Pferd sehen!
Das Warten auf ein geeignetes Pferd in der Nähe hat aber nicht nur Vorteile für Ihr Auto (auch Benzin kostet Geld!): Auch diejenigen, die Ihnen beim Pferdekauf helfen sollen, sind dankbar, wenn Sie nicht jedes Wochenende stundenlang im Auto sitzen müssen.
Und der Tierarzt ist auch viel näher; er kann das Pferd, das Ihnen gefällt, gleich im heimischen Stall begutachten, ohne dass Sie es zunächst – vielleicht sogar umsonst (?) – herholen müssen.

Die Pferdefachzeitschrift

In den Fachzeitschriften finden Sie eine Menge Angebote, da ist es auch einfacher, nach einer bestimmten Rasse zu suchen. Und natürlich gehören zu diesen Zeitschriften auch jene, in denen Sie nur Pferdeverkaufsanzeigen finden. Die Anzeigen mit Bild sind oft sehr ansprechend und es macht Spaß, sich dort die unterschiedlichsten Pferde anzusehen!
Aber achten Sie darauf, dass das Pferd, das Sie interessiert, nicht 500 Kilometer weit weg wohnt – auch Zeit ist Geld, und von den Spritkosten wage ich gar nicht zu sprechen ...
Wenn Sie unbedingt Pferde ansehen möchten, die weiter weg stehen, dann

C Check

Pferdeverkaufsanzeigen

- **Araber Journal**
- **Cavallo**
- **Das Islandpferd**
- **Freizeit im Sattel**
- **Haflinger Aktuell**
- **Pferdeanzeiger**
- **Pferdebörse**
- **Pferdemarkt**
- **Quarter Horse Journal**
- **Reiter Revue**
- **St. Georg**
- **Western Horse**
- **Western Horsemanship Magazin**
- **und die regionalen Verbandszeitschriften!**

Wichtig

Die erste Regel zum Pferdekauf lautet: Nur nichts überstürzen! Die zweite lautet: Nehmen Sie jemanden mit, dem Sie vertrauen!

legen Sie an einem Wochenende mehrere Besichtigungen zusammen. Schon alleine, um die Enttäuschung nicht zu groß werden zu lassen, wenn das ausgesuchte Pferd doch nicht den Ankündigungen in der Anzeige entspricht! Vielleicht ist dann ja das Pferd im Nachbarort etwas.

Das Internet

Segen oder Fluch? Informationschaos? Nicht immer!
Die großen Pferdezeitschriften haben fast alle auch eine Internetseite. Dort können Sie sich teilweise auch über die aktuellen Anzeigen informieren, ohne die Zeitung zu kaufen.

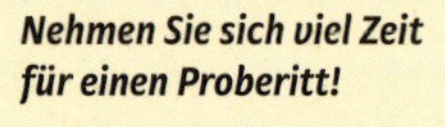

Nehmen Sie sich viel Zeit für einen Proberitt!

Die Internet-Adressen bekommen Sie übrigens ganz einfach mit Hilfe einer der zahlreichen Suchmaschinen (www.google.de, www.lycos.de, www.yahoo.de).

Außerdem gibt es im Internet auch noch zahlreiche Pferdemagazine oder Pferdeverkaufsseiten, die es noch nicht in gedruckter Form am Zeitungskiosk gibt: www.pferdezeitung.com, www.pferdezeitung.de, http://pferdekauf-online.de, http://pferdekauf.org, www.pferdekauf.de u.v.m. Auch hier helfen Ihnen die Suchmaschinen, die für Sie interessanten Seiten zu finden.

Gerissene Pferdehändler?

Pferdehändler haben einen schlechten Ruf. Man traut Ihnen nicht recht über den Weg.
Dabei hat ein Pferdehändler durchaus Vorteile: Sie können bei einem Händler nämlich mit einem Mal gleich eine ganze Menge Pferde begutachten. Der Händler hat eine große Auswahl und

Robuste Tölter: Isländer

Ein gut ausgebildeter Appaloosa ist für Westernfreunde ein Traum.

deshalb viel eher ein passendes Pferd für Sie als ein kleiner Privatverkäufer. Natürlich hat die große Auswahl auch Nachteile: Nicht immer sind die Vorgeschichten aller Pferde bekannt und verständlicherweise kann Ihnen der Händler niemals so viele Details zu einem Pferd erzählen wie ein privater Pferdebesitzer, der sein eigenes Pferd seit Jahren kennt.
Für ihren schlechten Ruf können jedoch wirklich nicht alle Händler etwas. Es gibt und gab auch immer reelle, seriöse Händler. Erkundigen Sie sich doch mal in Ihrer Umgebung, vielleicht kann Ihnen jemand einen Händler empfehlen, mit dem er gute Erfahrungen gemacht hat.

Teure Züchter?

Pferde einer bestimmten Rasse findet man natürlich am besten beim Züchter. Er hat die größte Auswahl an Tieren der Wunschrasse und kann Auskunft zu den einzelnen Pferden geben. Er kennt die Eltern der Tiere und kann Ihnen sagen, wie das Pferd aufgewachsen ist – ein wichtiger Punkt, der Folgen für Gesundheit und Charakter des ausgewachsenen Pferdes hat. Allerdings haben viele Züchter keine Möglichkeit, ihre jungen Pferde ausbilden zu lassen. Ihr sowieso recht schmaler Gewinn würde es nicht zulassen, in ein Pferd auch noch Berittkosten zu investieren. Daher müssen Sie in vielen Fällen damit rechnen, dass Sie in die Ausbildung des jungen Pferdes selbst noch Geld hineinstecken müssen. Der auf den ersten Blick günstige Preis eines jungen Pferdes bleibt also kein wirkliches Schnäppchen. Aber Sie haben bei einem Züchter die Möglichkeit, ein gesundes, artgerecht aufgewachsenes Jungpferd zu erwerben, und nicht nur angesichts der nächsten Tierarztrechnung ist Gesundheit ein wertvolles Gut! Abgesehen davon, ist die geplante Ausbildung eines Pferdes selten teurer als die Korrektur eines verdorbenen Pferdes – die dauert oft länger und ist schwieriger! Ich möchte Ihnen deshalb durchaus nahe legen, sich einmal bei einem Züchter in Ihrer Umgebung umzusehen.

Recht, was Recht ist

Wenn Sie sich dazu entschließen, bei einem Händler oder Züchter zu kaufen, dann sind Sie rechtlich auf einer relativ sicheren Seite, denn seit dem 1. Januar 2002 gilt in Deutschland ein neues Viehkaufsrecht, nach dem das Pferd als Sachgegenstand anzusehen ist.
Laut diesem Gesetz haftet ein Verkäufer, der als Profihändler eingestuft wird, zwei Jahre lang für alle Mängel. Die Beweislastumkehr sorgt dafür, dass automatisch vermutet wird, dass alle Mängel, die sich innerhalb der ersten sechs Monate zeigen, bereits beim Kauf vorhanden waren. Das bedeutet, dass der Verkäufer dem Käufer nachweisen muss, dass ein bestimmtes Problem beim Kauf noch nicht da war.

Check

Checkliste zum Pferdekauf

- **Lassen Sie sich das Pferd in Ruhe zeigen, beobachten Sie sein Verhalten!**
- **Lassen Sie sich das Pferd vorreiten und reiten Sie es auch selbst!**
- **Lassen Sie sich die Papiere (Equidenpass!) zeigen!**
- **Lassen Sie von einem Tierarzt Ihres Vertrauens eine Ankaufsuntersuchung machen!**

Allerdings kann die zweijährige Gewährleistungsfrist beim Handel mit gebrauchten Sachen auf ein Jahr verkürzt werden. Der Gesetzgeber hat hierbei offen gelassen, ob Pferde als neue oder als gebrauche Sachen anzusehen sind. Frei von Sachmängeln ist ein Pferd dann, wenn es die vereinbarte „Beschaffenheit“ hat und für den im Vertrag festgelegten Zweck geeignet ist. In der Praxis ist dies natürlich nicht nachweisbar. Die Gesetzeslage ist leider schlecht auf Pferde anwendbar, aber im Großen und Ganzen nützt sie doch dem Käufer, da sie seine Rechte gegenüber Händlern stärkt. Trotz einiger verwirrender Formulierungen hat das neue Gesetz dazu geführt, dass gewerbliche Händler sich mehr darum bemühen, über alle ihnen bekannten Mängel Auskunft zu geben.

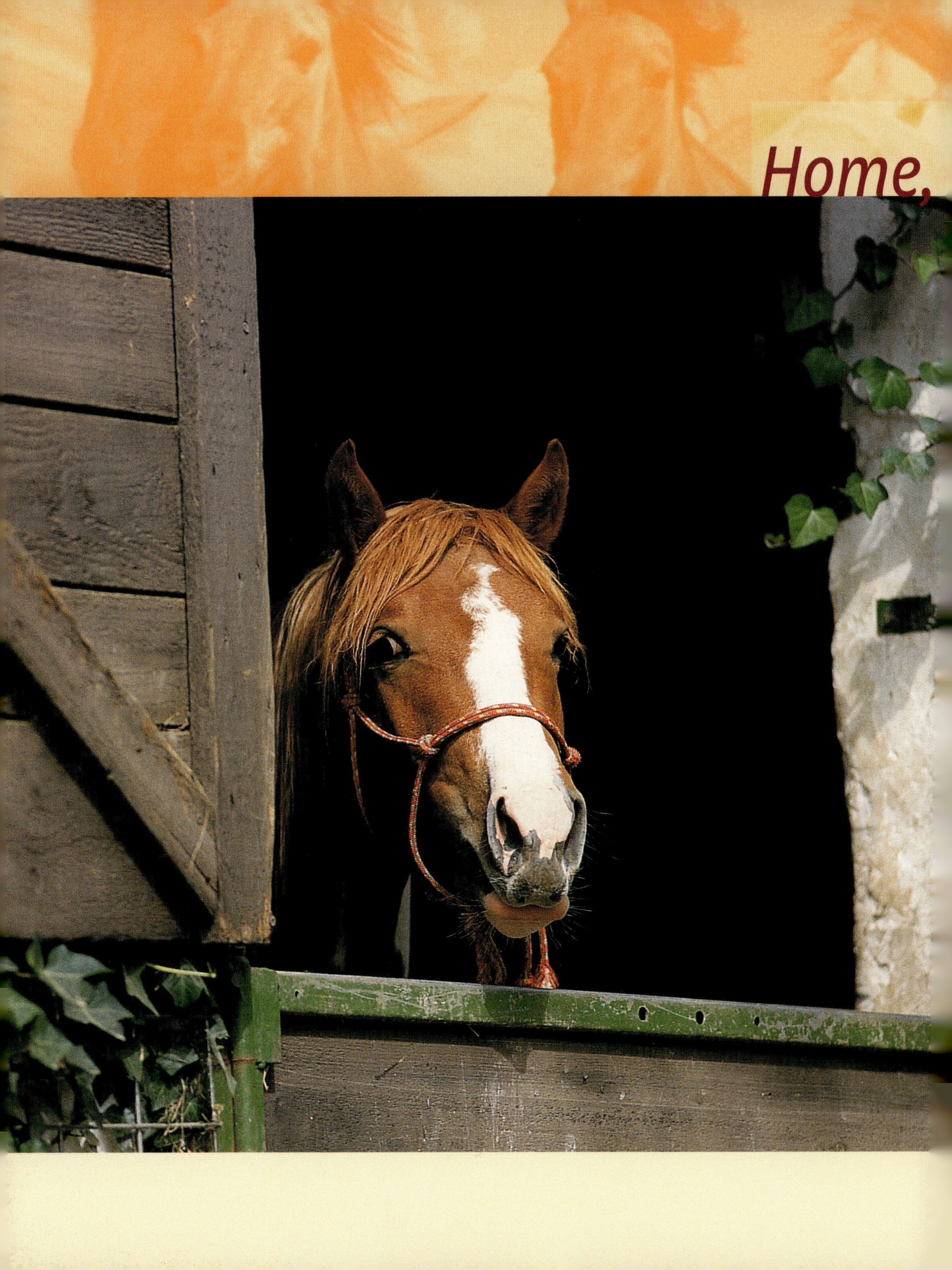
Home,

sweet home

Bevor Sie ein Pferd kaufen, sollten Sie wissen, in welchen Stall Sie es stellen können. Welcher Stall ist in Ihrer Nähe? Welcher Stall passt zu Ihnen und was kostet er?

Wohin mit dem Pferd?

Die Bandbreite der Stallmieten, die in verschiedenen Gegenden und bei verschiedenen Haltungsformen verlangt werden, ist riesig. Aber dennoch kann und darf die Frage des Preises nicht das alleinige Auswahlkriterium für einen Stall sein. Der Stall muss in erster Linie zu Ihnen und zu Ihrem Pferd passen. Passen, das bedeutet, dass der Stall zu den Bedürfnissen des Pferdes passt – und zu Ihren. Das heißt nicht, dass Ihr Vollblutaraber unbedingt in eine Box gehört, weil er sonst im hohen Norden friert – ich versichere Ihnen, er tut es nicht! Ich meine stattdessen, dass Ihr Pferd nicht unbedingt 50 Kilometer von Ihnen entfernt wohnen sollte und Sie, wenn Sie ganztags berufstätig sind, nicht unbedingt morgens und abends füttern und misten können usw.
Außerdem sollten Sie Ihre Ansprüche an einen Stall kennen: Brauchen Sie eine Reithalle? Möchten Sie regelmäßig Reitunterricht nehmen können? Sind Ihnen nette Reitkollegen wichtig oder ist es Ihnen lieber, wenn Sie sich mit niemandem auseinandersetzen müssen? Suchen Sie einen Stall, in dem Sie ein nettes Reiterstüberl haben und vielleicht auch einmal duschen können? Alle diese Fragen sollten Sie beantworten können, wenn Sie sich auf die Stallsuche machen. Denn nicht nur Ihr Pferd, sondern auch Sie müssen sich in Ihrem Stall wohl fühlen.
Ein paar der genannten Punkte sind mit Extrakosten verbunden, wollen Sie sie auch extra bezahlen? Wieviel Euro können und wollen Sie überhaupt ausgeben? Es nützt Ihnen natürlich nichts, wenn Sie zwar Ihren Traumstall gefunden haben, der Ihnen jeden Wunsch erfüllt, er aber Ihr monatliches Budget überschreitet!
Prinzipiell gilt nämlich: Je günstiger der Stall, desto weniger Komfort können Sie erwarten – ganz wie bei einer Wohnung oder einem Auto ...

Stallarbeit wie Ausmisten ist in vielen Fällen Sache der Pferdebesitzer.

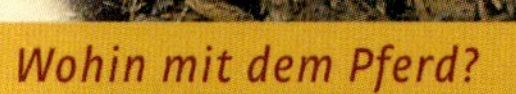

Der Offenstall

Der pferdegerechteste Stall ist der Offenstall – denn Pferde brauchen unbedingt regelmäßige Bewegung und Gesellschaft.
Wie wichtig beides für das Flucht- und damit Lauftier Pferd ist, kann gar nicht oft genug betont werden. Je mehr Möglichkeiten Pferde zur freien Bewegung haben, desto gesünder bleiben sie nämlich auch. Und Sozialkontakt ist für das Herdentier Pferd ebenso unverzichtbar. Ohne Freunde werden Pferde krank und unzufrieden.

Wichtig 

Sicherlich gibt es in einer Herde immer mal Rangeleien, aber ernsthafte Verletzungen riskieren Sie viel eher, wenn Sie ein unausgeglichenes Pferd aus der Box holen und es sich vor lauter Aufregung vertritt!

Beim Offenstall überwiegen nicht nur für das Pferd die Vorteile: Auch für den Menschen ist es sicher positiv, wenn

Hier sieht man, dass sich die Pferde in der Herde wohl fühlen.

das Pferd sich im Paddock oder auf der Koppel frei bewegen kann und man nicht dazu gezwungen ist, seinem Pferd täglich Bewegung zu verschaffen. Abgesehen davon, dass es einfach wesentlich mehr Spaß macht, mit einem ausgeglichenen Offenstallpferd auszureiten als mit einem energiegeladenen Boxenpferd, das jeden Moment kurz vorm Explodieren ist ...
Krankheit oder Verhaltensauffälligkeiten können Gründe sein, ein Pferd in einer Paddockbox unterzubringen, aber ehrlich gesagt, halte ich (fast) alle anderen Gründe für Ausreden!

C Check

Der pferdegerechte Stall

- **Pferdegesellschaft**
- **der Gruppengröße angemessener Auslauf**
- **zu drei Seiten geschlossener Unterstand**
- **ständig Zugang zu Wasser**
- **möglichst ständig Zugang zu Heu oder Gras**
- **mindestens dreimal täglich Kraftfutter**

Selbstgemacht

In Offenstallgemeinschaften kann zum Problem werden , dass häufig die Mitarbeit der Einsteller verlangt wird. Dies sind in der Regel Arbeiten wie das Ausmisten des Stalles oder des Paddocks und auch das Absammeln der Weide. Aber auch regelmäßiges Füttern kann dazu gehören. Wenn Sie das aus zeitlichen und beruflichen Gründen nicht leisten können, ist der Stress vorprogrammiert. Dann verbringen Sie nämlich Ihre knappe Freizeit beim Pferd mit Ausmisten statt mit Reiten. Suchen Sie sich dann lieber einen Stall, in dem Sie ein paar Mark mehr investieren und wo Ihnen die Arbeit abgenommen wird. Abgesehen davon kann ich nicht oft genug betonen: Ein glückliches Pferd im Offenstall spart viel Zeit, es bewegt sich den ganzen Tag.

Ausmisten kostet Zeit, die Sie vielleicht beim Reiten missen werden.

Zimmer mit Aussicht

Mit so genannten Paddockboxen kann man Pferden etwas mehr Bewegungsraum und ein wenig Sozialkontakt ermöglichen.
In der Regel hat bei dieser Haltungsform jedes Pferd eine eigene Box mit einem eigenen angeschlossenen Paddock, der meist etwas größer ist als die Box. Große Sprünge kann ein Pferd in diesen Paddocks natürlich nicht machen, aber es kann zumindest an der frischen Luft sein und die Umgebung beobachten. Pferde sind nämlich neugierig und es macht ihnen durchaus Freude, das Treiben auf dem Hof zu beobachten.
Über die Abtrennung der Paddocks hinweg kann das Pferd auch ein wenig Kontakt zu seinen Nachbarn haben. Manchmal können sich die Pferde auch beknabbern. Normales Herdenverhalten ist so natürlich nicht möglich, aber es ist sicher besser, als wenn Pferde ganz allein hinter Mauern stehen.

Frische Luft und Sozialkontakte – so können Pferde leben.

So bitte nicht: Gitterstäbe müssen nicht sein!

Wichtig

Die Haltung in Paddockboxen oder Boxen gibt Pferden nicht genügend Bewegungsmöglichkeiten – Pferde müssen unbedingt zusätzlich regelmäßig Auslauf auf großen Paddocks oder Weiden haben.

Boxenhaltung

Reine Boxenhaltung lehne ich prinzipiell ab, da sie bei gesunden Pferden nicht artgerecht ist. Absolut nicht pferdegerecht sind Boxen mit hohen Wänden und Gittern, durch die kein Sozialkontakt möglich ist!
Wenn man ein Pferd zum Beispiel aus Krankheitsgründen in der Box halten muss, dann sollte es zumindest Sichtkontakt haben können. Und wenn nicht gerade eine ansteckende Krankheit diese Kontakte verbietet, dann halte ich auch die Möglichkeit zur Aufnahme von Sozialkontakten für unerlässlich!
Nicht immer kann ein älterer, bereits vorhandener Stall abgerissen werden. Aber kostengünstige Möglichkeiten, den alten Stall pferdegerechter zu machen, gibt es: So können zum Beispiel in Außenwände Fenster gebrochen werden. Wenn es die räumlichen Verhältnisse erlauben, kann man dabei gleich über eine Außentür und Paddocks nachdenken. Außerdem können Gitterabtrennungen zwischen den Boxen entfernt werden, so dass die Pferde sich zumindest sehen und vielleicht auch beschnuppern können!
Wenn Pferde in Boxen gehalten werden, ist unbedingt darauf zu achten, dass sie mehrere Stunden täglich gemeinsam mit anderen Pferden Auslauf auf größeren Paddocks haben.

Tipp

Wenn schon Boxenhaltung, dann achten Sie unbedingt darauf, dass die Box groß genug ist! Die Mindestgröße für Pferdeboxen beträgt die doppelte Widerristhöhe im Quadrat!

Der Reitplatz sollte bei jedem Wetter zu benutzen sein.

Endlich Reiten!

Nun haben Sie endlich ein Pferd, haben es gut untergebracht und wissen nicht, wo Sie reiten sollen? Auch darauf sollten Sie schon bei der Stallauswahl achten! Wenn Sie gerne ins Gelände gehen, dann sollten Sie Ihr Pferd nicht direkt im Stadtzentrum unterbringen. Die Entscheidung für das Geländereiten ist aus finanzieller Hinsicht ein Glücksfall für Sie: In den Randbezirken, also dort, wo Sie auch ein entsprechendes Reitgelände finden, sind Pferdeställe in der Regel preiswerter.
Wenn Sie auf Turnier- oder Prüfungsniveau dressurreiten, springen oder westernreiten möchten, brauchen Sie einen Reitplatz. Je besser eine Reitanlage ist, desto teurer wird leider auch der Stall. Schauen Sie sich deshalb in aller Ruhe um, vielleicht finden Sie doch noch einen Stall, der nicht ganz so perfekt, aber günstiger ist.

Der Reitplatz

Ein Kriterium sollte Ihr Reitplatz immer erfüllen: Er sollte unbedingt wetterfest sein! Ein Platz, der bei jedem Regen unter Wasser steht, nützt Ihnen nichts! Und ohne ausreichende Beleuchtung können Sie im Winter in den seltensten Fällen auf den Reitplatz – es sei denn, Sie können regelmäßig zwischen 9 Uhr morgens und 16 Uhr nachmittags reiten gehen ...
Wenn Sie den angebotenen Reitplatz nicht dann nutzen können, wenn er für Sie wichtig ist, dann gehen Sie lieber gleich weiter auf Stallsuche. Ein günstiges Angebot ohne anständigen Platz wird Sie in diesem Fall nicht glücklich machen: Sie wollen schließlich reiten, oder nicht?

Eine tolle Reithalle! Das kostet natürlich Geld.

Günstiger Stall und guter Reitplatz?

Ein guter Reitplatz braucht übrigens nicht direkt an Ihrem Stall zu liegen. Vielleicht können Sie ja den Reitplatz oder die Halle in Ihrer Nähe nutzen? Viele Vereine sind sehr kooperativ und die Kosten, die Ihnen bei der Mitnutzung einer solchen Anlage entstehen, sind oft viel geringer als die, die Sie tragen müssten, wenn Ihr Pferd direkt an der Halle wohnen würde.

Zum Reitplatz oder zur Halle hinzureiten ist gar nicht so unpraktisch: Ihr Pferd ist bereits aufgewärmt, wenn Sie bis zur Halle schon ein paar Minuten geritten sind. Sie brauchen nicht erst minutenlang Schritt in der Halle reiten, sondern haben das bereits unterwegs getan und können in der Halle gleich mit der Arbeit beginnen.

Etwas unpraktischer ist es, wenn Sie zur nächsten Reithalle mit dem Pferdehänger fahren müssen. Haben Sie ein geeignetes Auto? Haben Sie einen Hänger? Beides kostet Geld. Und im Winter kostet so eine Hängerfahrt auch ganz schnell Nerven. Dann kann man die Halle doch nicht mehr nutzen und muss wieder nach Alternativen suchen.

Tipp

Oft genügt es, einen guten Reitplatz in erreichbarer Nähe zu haben!

Reitunterricht

Ein Reitverein in der Nähe, ein Reitplatz oder eine Halle, in der Reitunterricht stattfindet, ist auch eine geeignete Sparmaßnahme. Im Ernst, gehen Sie mit Ihrem Pferd regelmäßig in den Reitunterricht und lassen Sie sich von jemandem, der etwas davon versteht, auf die Finger schauen. Sie ersparen sich im Notfall teure Korrektur- und Berittkosten. Fehler schleichen sich ganz unbemerkt ein, besser es korrigiert sie jemand von Anfang an.

Ein Reitlehrer, der in einem Stall in Ihrer Nähe tätig ist und zu dem Sie hinreiten können, spart übrigens auch Anfahrtskosten.

Außerdem ist regelmäßiger Reitunterricht auch viel günstiger als teure Wochenendkurse und Lehrgänge – wobei diese durchaus ihren Reiz haben.

Ein gut erzogenes Pferd können Sie auch auf einer Wiese longieren.

Jetzt helfe ich mir selbst

Kein Reitplatz in Sicht? Kein Longierzirkel, auf dem Sie Ihr Pferd gymnastizieren können? Aber vielleicht stellt Ihnen Ihr Stallbesitzer ein Stück trockener Wiese zur Verfügung? Oder sogar ein Stückchen Land, auf dem Sie dauerhaft einen kleinen Longierzirkel einrichten können?

Tipp

Prima longieren lässt es sich auf trockenen, frisch gemähten Wiesen – aber sprechen Sie vorher mit Ihrem Stallbesitzer!

Longieren mit und ohne Zaun

Sie brauchen nämlich gar nicht viel, um sich selber einen Longierzirkel zu basteln: Mit Strohballen oder einem Flatterband können Sie sich Ihr Provisorium ganz leicht selbst einzäunen! Sicherlich übersteht Ihr „Zaun" den nächsten Herbst nicht, aber dann wird der nicht vorbereitete Boden sowieso zu tief. Zumindest den Sommer über können Sie so einen selbst gemachten Longierzirkel aber prima nutzen!

Ein erfahrenes Pferd können Sie natürlich auch ohne Umzäunung longieren. Aber unterschätzen Sie Ihr Pferd nicht – es wäre nicht das Erste, das mit „wehenden Fahnen" über die Felder galoppiert! Sicherer ist es, wenn der provisorische Longierzirkel dann wenigstens ganz außen einen Weidezaun hat.

Doppellonge

Eine gute Möglichkeit, das Pferd etwas besser unter Kontrolle zu bekommen, ist die Arbeit an der Doppellonge. Sie haben Ihr Pferd zwischen den beiden Longen wesentlich besser an den Hilfen stehen und können es an der Doppellonge bestens gymnastizieren.

Das Zubehör können Sie sich günstig selbst machen: Ein einfacher Longiergurt genügt. Er sollte aber ausreichend Ringe haben, durch die Sie die Longen laufen lassen können. Eine Doppellonge können Sie sich aus einem langen Seil aus dem Baumarkt machen oder indem Sie zwei Longen verbinden: Nähen Sie einfach in das Ende einer Longe einen Ring und in das andere einen Haken.

Wichtig 

Wenn Sie das erste Mal mit der Doppellonge arbeiten wollen, bitten Sie jemanden, Ihnen zu helfen, und legen Sie die äußere Leine zunächst über den Pferderücken und nicht gleich um die Hinterbeine!

Luxus pur: ein toller, eingezäunter Round Pen

Eine Reitbeteiligung nimmt dem Besitzer auch Arbeit ab.

Tipp

Sie können sich (noch) kein eigenes Pferd leisten? Dann suchen Sie sich doch eine Reitbeteiligung!

Reitbeteiligung

Es gibt zwei Gründe, sich eine Reitbeteiligung zu suchen: Zeit und Geld. Eine Reitbeteiligung erspart Ihnen zunächst einmal Zeit. Jedes Mal, wenn Ihre Reitbeteiligung reitet, haben Sie frei und Ihr Pferd wird bewegt! Außerdem können Sie Ihre Reitbeteiligung an den Kosten für Ihr Pferd beteiligen. Das können zwar immer nur Anteile sein, aber besser als nichts ist es allemal. Und warum soll Ihr Pferd sich nicht vielleicht den neuen Sattel selbst verdienen?

Die Suche

Natürlich ist es nicht einfach, eine geeignete Reitbeteiligung für sein Pferd zu finden und es kursieren auch in jedem Stall die wildesten Geschichten über Reitbeteiligungen, die nur Blödsinn gemacht haben. In Wirklichkeit gibt es unzählige zuverlässige Reitbeteiligungen, die unzähligen Pferdebesitzern viel Arbeit abnehmen. Und es ist ein gutes Gefühl zu wissen, dass die Reitbeteiligung das Pferd versorgt, wenn man einmal keine Zeit hat.

Check

Checkliste Reitbeteiligung

- **Was darf die Reitbeteiligung? (Gelände, Dressur, Springen, Teilnahme am Reitunterricht oder an Turnieren)**
- **Wann bzw. wie oft reitet die Reitbeteiligung?**
- **Welchen Unkostenbeitrag zahlt die Reitbeteiligung? (Klären Sie auch Urlaubszeiten oder krankheitsbedingte Ausfälle des Pferdes!)**
- **Welche Pflichten hat die Reitbeteiligung? (Pflegen, Ausmisten, Füttern, usw.)**
- **Wer haftet für welche eventuellen Schäden?**
- **Melden Sie die Reitbeteiligung bei Ihrer Tierhalterhaftpflichtversicherung an!**

Eine Reitbeteiligung findet man am besten über andere Reiter: Fragen Sie im benachbarten Reitstall, hängen Sie Zettel aus, fragen Sie Freunde und Bekannte, ob sie jemanden kennen, der ein Pferd zum Mitreiten sucht! Auf diesem Weg finden Sie wahrscheinlich schnell jemanden, den jemand anders schon kennt, und der sich als zuverlässig erwiesen hat!
Eine andere Möglichkeit, einen Mitreiter zu finden, haben Sie über Ihre Lokalzeitung, die Pferdefachzeitschriften und über das Internet. Hier gelten die gleichen Adressen wie beim Pferdekauf (siehe S. 12–13).

Wenn sich jemand gefunden hat, der Ihnen sympathisch ist, dann lassen Sie ihn ausführlich Probe reiten. Harmonieren Pferd und Reiter? Aber seien Sie fair: Ihr Mitreiter braucht vielleicht ein paar Mal, um sich auf Ihr Pferd einzustellen.

Wichtig 

Regeln Sie schriftlich, was Sie mit Ihrer Reitbeteiligung vereinbaren. Formulare gibt es im Internet oder in Pferdefachzeitschriften.

Mein

schönes Pferd

Wer ein Pferd hat, möchte natürlich, dass es gut aussieht. Und wer ein Pferd hat, der braucht eine ganze Menge Zubehör: Viele Dinge lassen sich günstig selbst herstellen oder gebraucht kaufen. Probieren Sie es aus!

Geiz ist schön

Dies ist kein Werbespruch, sondern die Aufforderung, beim Kauf von Pferdezubehör einmal genau hinzuschauen: Was brauchen Sie wirklich? Wie bekommen Sie es günstig?
Viele Dinge können Sie gut gebraucht kaufen. Oft bekommen Sie auf diese Art und Weise günstigere Artikel von besserer Qualität, als wenn Sie gleich das Allerbilligste kaufen. Das gilt vor allem für Lederartikel.
Günstiges Leder ist nun mal auch in der Herstellung günstiger gewesen, es wurde mit günstigeren Mitteln gegerbt und gefärbt; die Qualität leidet darunter. Da lohnt es sich zu schauen, ob nicht jemand einen hochwertigeren Artikel gebraucht abgibt.

Second Hand
An günstige gebrauchte Artikel kommen Sie auf verschiedene Art und Weise: In den meisten Reitställen gibt es ein Schwarzes Brett. Schauen Sie doch einmal, ob sich hier vielleicht gleich etwas Brauchbares findet, und hängen Sie ruhig einen Zettel aus, auf dem Sie angeben, was Sie suchen.
Die nächste Möglichkeit sind Kleinanzeigen. In Ihrer Gegend gibt es mit Sicherheit auch eine dieser Zeitungen mit unzähligen Kleinanzeigen. Wenn Sie Glück haben, können Sie diese Zeitung sogar im Internet lesen. In den Anzeigenblättern gibt es in der Regel auch viele Anzeigen zum Thema Reitsport. Sie können mit etwas Geduld fast alles bekommen, was Sie brauchen.
Am einfachsten ist es für Sie, wenn der Verkäufer in der Nähe wohnt und Sie sich die Ware gleich ansehen können. Manche Dinge kann man aber auch so kaufen: Wenn Sie z.B. wissen, welche Größe Ihr Pferd bei Hufschuhen braucht, dann können Sie sich die Schuhe per Post schicken lassen.

Eine schicke Trense gibt es auch gebraucht!

Internet-Auktionen

Schon lange kein Geheimtipp mehr sind die Internet-Auktionen, allen voran „ebay". Der Markt hier ist riesig und Sie können alles ersteigern, was es überhaupt zum Thema Pferd gibt – außer Pferde.

Angeboten werden bei „ebay" neue und gebrauchte Waren, aber nicht alle sind Schnäppchen. Bevor Sie sich beim Steigern mitreißen lassen, werfen Sie lieber einen Blick in einen Reitsportkatalog, sonst ersteigern Sie vielleicht etwas Gebrauchtes für mehr Geld, als Sie dafür bei einem Versand bezahlt hätten!

Die Internet-Auktionen bergen immer ein gewissen Risiko. Sie können ja nie wissen, ob die angebotene Ware wirklich so aussieht wie auf dem Foto. Lesen Sie deshalb immer die Bewertungen des Verkäufers. Wer von anderen Käufern schon negativ bewertet wurde, verdient vielleicht nicht unbedingt Ihr Vertrauen. Teure Ware sollten Sie im Übrigen nicht per Vorauszahlung auf das Konto des Verkäufers bezahlen, sondern lieber über den Treuhandservice von „ebay" abwickeln.

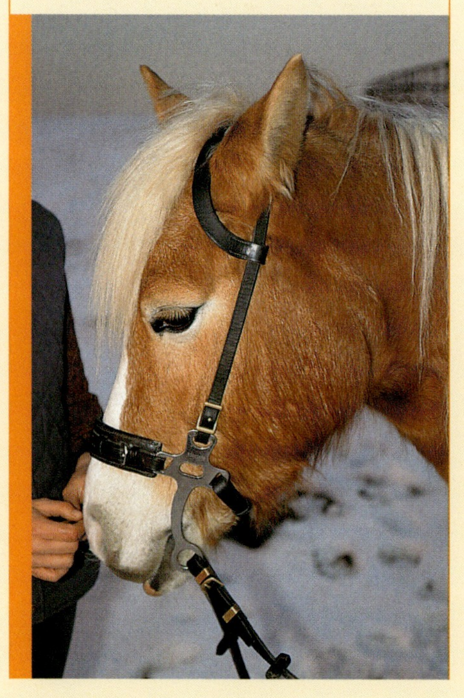

So eine einfache Einohrtrense können Sie selbst machen.

Kopfschmuck

Sie brauchen für Ihr Pferd ein Halfter und eine Trense.

Halfter sind so günstig, da lohnt es sich nicht, sie gebraucht zu kaufen oder gar selbst zu basteln. Aber sparen können Sie dennoch, nämlich an der Ausstattung: Halfter mit Lammfellpolster oder Neoprenpolsterung sind schick und besonders weich am Pferd. Sie sind aber auch besonders teuer. Überlegen Sie sich gut, ob Ihr Pferd diesen Luxus braucht. Muss es wirklich, wenn es vielleicht 30 Minuten am Tag mit Halfter und Strick angebunden wird, so ein gepolstertes Halfter haben?

Trense

Für Trensen gilt generell das, was ich bereits über gutes Leder gesagt habe.

Ein Halfter mit Lammfell ist schick, aber auch teurer als ganz schlichte Halfter.

Es gibt große Qualitätsunterschiede. Für den Alltag brauchen Sie in der Regel aber nicht die allerschickste Trense, sondern eine robuste. Wie Ihre Trense wirklich aussehen sollte, hängt von Ihrer Reitweise ab.
Es gibt aber eine günstige Möglichkeit zum Freizeitreiten: Sie brauchen nur ein Kopfstück. Das bekommen Sie entweder gebraucht oder auch als Einzelteil bei Islandpferdetrensen. Nun brauchen Sie nur noch einen Lederriemen, den Sie – wie auf dem Foto links – als Ohrschlaufe festmachen. Entweder fragen Sie den Sattler um die Ecke – falls Sie einen haben – oder Sie befestigen das Ohrteil selbst mit Chicagoschrauben, die Sie im Fachhandel bekommen.

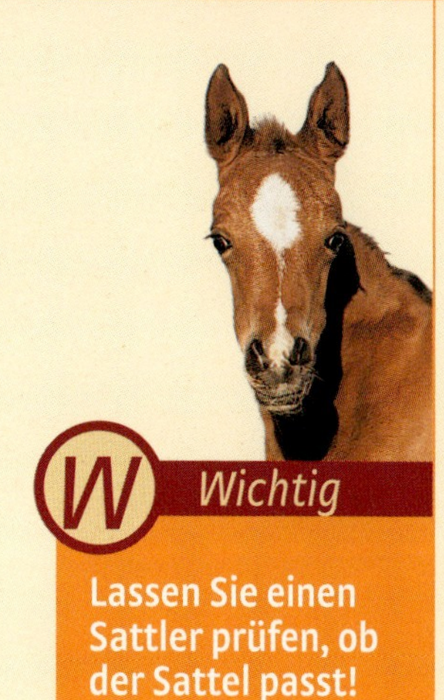

W Wichtig

Lassen Sie einen Sattler prüfen, ob der Sattel passt!

Komplett ausgestattet: Für ein Pferd braucht man eine Menge Zubehör.

Aufgesattelt

Sparen Sie nicht am falschen Ende! Kaufen Sie keinen minderwertigen, schlecht sitzenden oder gar defekten Sattel! Der richtige, also passende Sattel ist ein absolutes Muss, andernfalls können Sie Ihrem Pferd nachhaltig schaden! (Und Ihr Pferd wird mit einem unpassenden Sattel auch nicht schön zu reiten sein. Wenn es Rückenschmerzen hat, kann es nicht „schön“ laufen. Sie tun sich also mit dem passenden Sattel selbst etwas Gutes!)
Sie können selbstverständlich auch einen gebrauchten Sattel kaufen. Wenn Sie ein junges Pferd haben, ist das sogar sehr zu empfehlen, da sich das Pferd im Körperbau noch verändern wird, so dass Sie irgendwann einen ganz anderen Sattel brauchen könnten.

Tipp

Als Einsteiger wissen Sie vielleicht noch nicht ganz genau, was und wie Sie später reiten möchten oder wofür Ihr Pferd sich eignet: Kaufen Sie also ruhig erst einen gebrauchten Sattel!

So kann ein Sattler Ihnen Ringe am Sattel befestigen.

Sicher und günstig: Steigbügel mit Gummiring

Welcher Sattel für welchen Zweck

Ein Sattel macht noch keine Reitweise. Wenn Sie westernreiten wollen, können Sie sich einen Westernsattel kaufen; Sie können aber (zunächst) auch in einem Vielseitigkeitssattel reiten.

In den meisten Fällen genügt zum Freizeitreiten nämlich erst mal ein ganz normaler Vielseitigkeitssattel. Sie brauchen keinen speziellen Dressur- oder Springsattel, um beispielsweise mal einen Sprung zu machen.

Wichtiger ist zunächst, dass der Sattel Ihnen und Ihrem Pferd passt – und wenn das der Fall ist, dann genügt ein Vielseitigkeitssattel den meisten Ansprüchen.

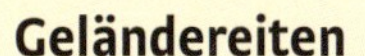

Geländereiten

Wenn Sie, wie viele andere Freizeitreiter auch, vom Geländereiten träumen, genügt ebenfalls ein normaler Vielseitigkeitssattel. Sie können an diese Sättel sogar von einem Sattler praktische Ringe anbringen lassen, um Gepäcktaschen oder Bänder für Gepäck zu befestigen. Erst auf längeren Strecken, wie sie von Distanzreitern zurückgelegt werden, wird die schmale Auflagefläche dieser Sättel für die Pferde unangenehm. Da sollten Sie dann lieber einen Sattel mit breiterer Auflage kaufen; sie sind auf Dauer angenehmer.

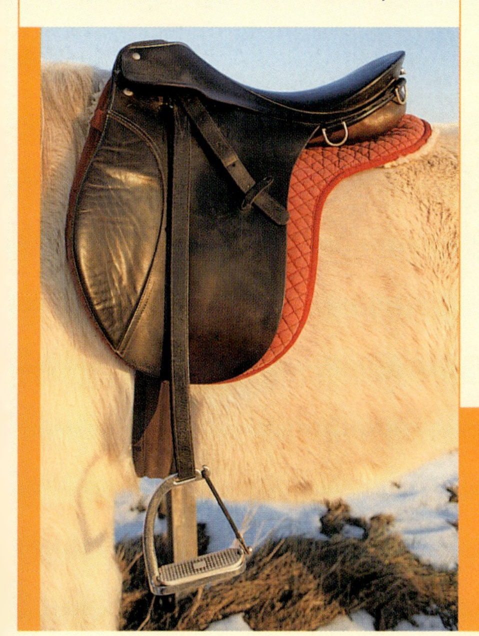

LINKS:
Eine gute Alternative: ein alter Dressursattel mit Packringen

Tipp

Ringe am Sattel sind auch sehr praktisch, wenn Sie nicht gleich morgen auf große Tour gehen. Sie können ganz problemlos einfach eine Regenjacke mit auf den Ausritt nehmen oder eine leichte Abschwitzdecke für Ihr Pferd transportieren.

Selbst genäht: eine Schabracke im Kuhfellmuster ...

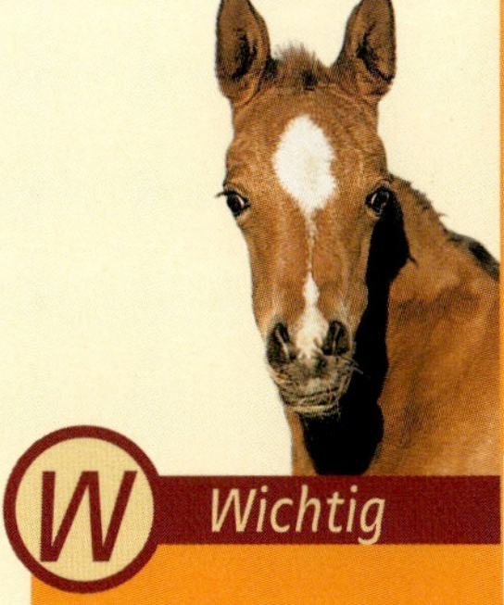

W Wichtig

Sparen Sie nie an den Steigbügelriemen!

Eine Wanderreitdecke kann man sich auch selber nähen.

Sattelzubehör

Wenn Sie einen passenden Sattel gefunden haben, brauchen Sie noch das Sattelzubehör.

An manchen Dingen dürfen Sie nicht sparen: Qualitativ hochwertige Steigbügelriemen bedeuten Sicherheit. Oder möchten Sie etwa, dass Ihnen bei einem flotten Bergaufgalopp die Bügelriemen reißen?

Sicherheitssteigbügel gibt es mittlerweile in vielen Variationen. Die unterschiedlichen Mechanismen zum Ausklinken des Bügels bei Gefahr sind aber nicht ganz billig. Die meiner Erfahrung nach günstigste Alternative sind die Bügel mit dem Gummiring. (Siehe Foto auf S. 35). Man kann in ihnen nicht hängen bleiben. Die Gummiringe können Sie bei Bedarf übrigens nachkaufen; es gibt sie nicht nur im Reitsportfachhandel, sondern auch in den meisten Bau- oder Sanitätsfachmärkten.

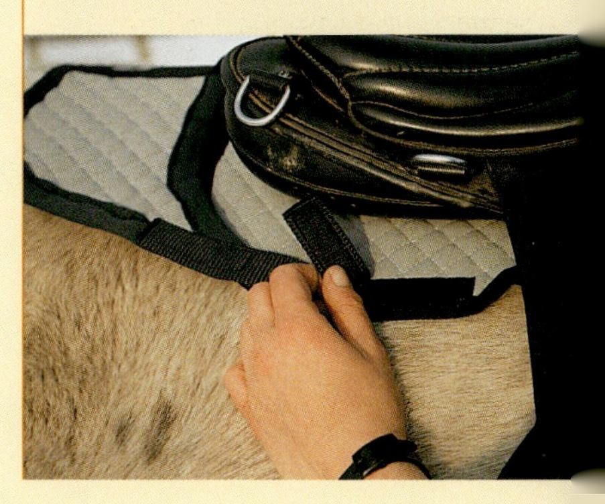

... oder eine Satteldecke mit Lammfellbesatz.

Schön bunt?

Sparen können Sie auch bei der Satteldecke. Die Decke soll den Sattel vor dem Pferdeschweiß schützen, d.h. sie sollte aus saugfähigem Material sein. Aber Ihrem Geschmack sind kaum Grenzen gesetzt: Von der eleganten Samtschabracke bis hin zum verrückten Kuhmuster ist alles erhältlich. Einfache Schabracken können Sie, wie Sie auf dem Bild sehen, auch selbst nähen. Am besten nehmen Sie eine passende Decke als Schnittmuster und schneiden Ihren Stoff danach zu. Ihre Decke darf nämlich nicht einfach eckig sein, sonst wirft sie unter dem Sattel Falten.

Spezielle Satteldecken

Gerade zum Gelände- oder Wanderreiten braucht man Satteldecken, die genau unter den Packtaschen liegen. Solche Decken sind schwer zu bekommen, können aber recht einfach selbst hergestellt werden. Wie auf dem Foto links unten zu sehen ist, genügt etwas passender Stoff (auch Filz ist eine gute Alternative) und etwas Klettband. Eine andere Möglichkeit ist es, das Stück, das Sie hinten an die Decke setzen wollen, mit kleinen Karabinerhaken zu versehen und hinten an die Packtaschenringe des Sattels anzuhängen.
Sie können sich auch von einem Sattler oder Schneider Lammfell unter eine passende Satteldecke nähen lassen. Das kostet Sie nur ein paar Euro, während handelsübliche Lammfelldecken durchaus einen stolzen Preis haben. Lammfell gleicht Reibungen aus, gerade wenn Sie längere Strecken reiten, haben Sie so eine tolle Alternative für empfindliche Pferde!

Bequem

Für Reiter gibt es auch eine gute Möglichkeit, es sich mit Lammfell bequem zu machen: Sie kennen doch sicher die Lammfell-Sitzbezüge für Sättel? Zu teuer, denken Sie? Das muss nicht sein. Bitten Sie Ihren Sattler doch, Ihnen so etwas aus einem alten Lammfell zu nähen. Das kostet nicht viel.
Und noch ein Tipp: Wo sind eigentlich Ihre alten Autositzbezüge aus Lammfell geblieben?

Kuschelige Decken

Ein gesundes, robust lebendes Pferd braucht eigentlich weder im Sommer noch im Winter eine Decke. Aber wenn wir Menschen in die Natur des Pferdes eingreifen, werden Decken doch manchmal notwendig.

Winterpelz

Im Winter wird aber die Robusthaltung manchmal zum Problem: Die Pferde bekommen einen schönen, warmen Winterpelz und schwitzen natürlich beim Reiten viel zu stark. Sie ganz zu scheren, wie es bei Boxenpferden üblich ist, ist keine Alternative. Es gibt aber die Möglichkeit, Robustpferden die Arbeit mit einer Teilschur unterm Hals und am unteren Bauch entlang zu erleichtern. Ich persönlich habe Bedenken, meine Pferde mit halbnacktem Hals oder kahlem Bauch im Tiefschnee stehen zu lassen, aber es gibt durchaus auch einige Pferdebesitzer, die damit gute Erfahrungen gemacht haben.
Ich halte es für sinnvoll, einfach etwas weniger mit den Pferden zu arbeiten und ihnen so ein wenig Winterpause zu gönnen.

Im Winter braucht fast jeder eine Abschwitzdecke.

Check

Rückenlänge für Pferdedecken

- **Ponys bis etwa 135 cm Stockmaß: 115 cm Deckenlänge**
- **Ponys und Pferde bis etwa 145 cm Stockmaß: 125 cm Deckenlänge**
- **Pferde bis etwa 155 cm Stockmaß: 135 cm Deckenlänge**
- **Pferde bis etwa 165 cm Stockmaß: 145 cm Deckenlänge**

Abschwitzdecken
Wenn mit dem Pferd aber auch im Winter gearbeitet wird, wird es wegen des dicken Winterfells stark nachschwitzen. Dann können sich natürlich auch robustere Naturen schnell erkälten. Sie brauchen eine Abschwitzdecke!
Die handelsüblichen Abschwitzdecken sind in der Regel von guter Qualität und leiten die Feuchtigkeit, die unter der Decke entsteht, nach außen. Nur so kann Ihr Pferd auch trocken werden. Keine Alternative sind Heimdecken oder Sofadecken, die die Feuchtigkeit nicht nach außen weiterleiten. Unter diesen

Damit fällt man auf!

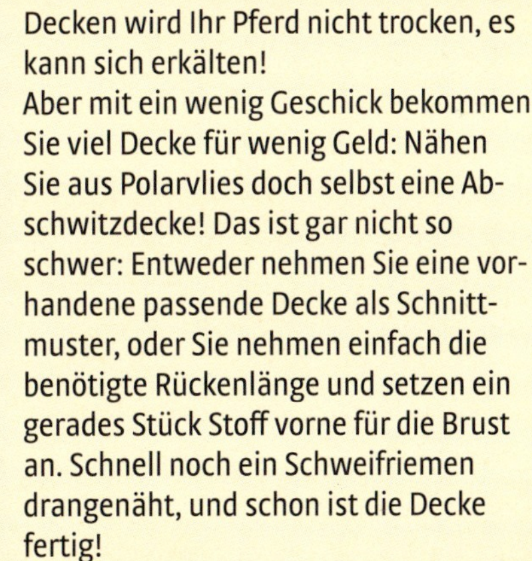

Decken wird Ihr Pferd nicht trocken, es kann sich erkälten!
Aber mit ein wenig Geschick bekommen Sie viel Decke für wenig Geld: Nähen Sie aus Polarvlies doch selbst eine Abschwitzdecke! Das ist gar nicht so schwer: Entweder nehmen Sie eine vorhandene passende Decke als Schnittmuster, oder Sie nehmen einfach die benötigte Rückenlänge und setzen ein gerades Stück Stoff vorne für die Brust an. Schnell noch ein Schweifriemen drangenäht, und schon ist die Decke fertig!

Tipp

Pferdedecken können Sie aus (fast) jedem Material nähen: Warum nicht eine Regendecke aus einem Duschvorhang?!

Bandagen sind nicht teuer und schützen (teure) Pferdebeine.

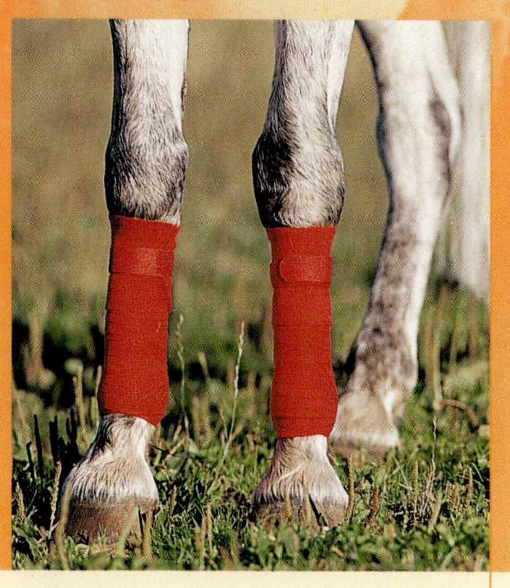

Kühlkompressen für Menschen können auch bei Pferden verwendet werden.

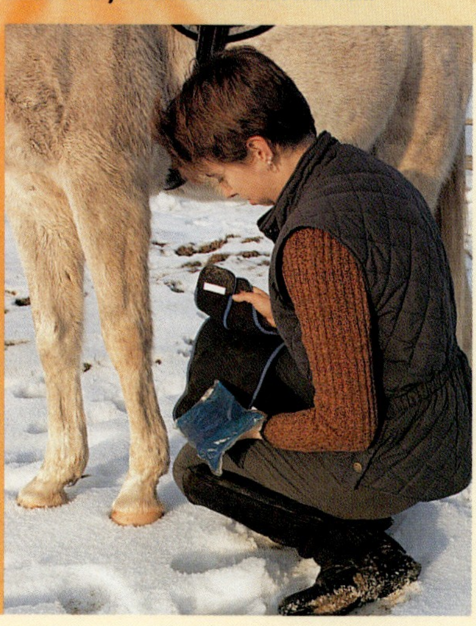

Machen Sie Ihrem Pferd Beine!

Bandagen brauchen Sie für Ihr Pferd immer dann, wenn Sie die Beine schützen wollen. Also wenn Ihr Pferd sich verletzt hat und Sie einen Wundverband machen sollen oder beispielsweise auch bei einem Transport auf dem Hänger. Transportgamaschen sind leider recht teuer (und oft nur für Großpferde passend zu bekommen). Warum benutzen Sie nicht einfach Bandagen und Bandagierunterlagen? Sie schützen ebenfalls vor Stößen und kosten nicht die Welt.

Nach harter Anstrengung oder bei Verletzungen ist es manchmal sinnvoll, die Beine Ihres Pferdes zu kühlen. Sie können spezielle Kühlgamaschen für Pferde kaufen oder die oben genannten Bandagierunterlagen oder ein altes Handtuch nass machen und wieder mit normalen Bandagen umwickeln. Sie können auch ganz normale Kühlkompressen für Menschen verwenden. Es gibt sie regelmäßig günstig bei Discountern und Kaffeeröstern. Kühlkompressen müssen Sie immer mit Bandagen befestigen. Achten Sie darauf, dass sie nicht ins Rutschen kommen!

W **Wichtig**

Bandagiert wird immer von unten nach oben und zurück! Andernfalls kann es zu Flüssigkeitsstauungen im unteren Bereich des Beines kommen.

Wichtig

Kühlkompressen dürfen nie ohne Unterlage auf die Haut bzw. auf das Fell gelegt werden!

Gut verpackt

Sie haben nun wahrscheinlich schon einen gut sitzenden Sattel mit Packringen und eine geeignete Satteldecke. Für einen schönen Ausritt mit Proviant oder zum Verstauen der Regenjacke fehlt Ihnen nur noch eine schicke Satteltasche. Manteltaschen oder Bananentaschen kann man im Reitsportzubehör passend für jeden Sattel kaufen – ebenso wie Packtaschen, die man seitlich am Pferd anbringt. Leider sind Letztere manchmal recht teuer.
Wenn Ihre Packtasche nicht unbedingt wasserdicht sein muss, dann sind alte Bundeswehrtaschen eine tolle Alternative. Sie sind günstig und in zwei verschiedenen Größen zu haben. Und dadurch, dass man an den hinteren Riemen selbst Karabinerhaken anbringen kann, sind sie für jedermann ganz einfach umzubauen.

Eine richtig schicke Wanderreitausrüstung!

Für den größeren Ausritt oder Wanderritt brauchen Sie natürlich eine größere und auch wasserdichte Tasche. Prima hinter den Sattel schnallen lassen sich die großen Rollbeutel aus dem Wanderbedarf. Die runden Beutel haben am Ende einen Verschluss, den man aufrollt; damit sind sie richtig wasserdicht verschließbar. Günstig bekommt man diese Rollbeutel auch im Motorradzubehör. So bleibt auch Ihr Schlafsack immer trocken!

Günstige Tasche für kurze Strecken: eine kleine Bundeswehrtasche

Kleider machen

Leute

Zum Reiten braucht macht die passende Reitbekleidung. Aber was ist passend? Das, was Sie zum Reiten tragen, muss nämlich nicht unbedingt schick sein: Zweckmäßig, brauchbar und gut sitzend – das ist viel wichtiger! Und dabei können Sie wieder eine Menge Geld sparen.

Gutes *für die* Füße

Es ist nicht ganz unwichtig, was Sie an den Füßen tragen, wenn Sie in den Pferdestall gehen. Als Allererstes müssen Ihre Schuhe stabil und robust sein. Schließlich kann es immer mal sein, dass Ihnen ein Pferd, und sei es nur aus Versehen, auf die Zehen tritt!
Feste Schuhe dienen also Ihrer Sicherheit – sommers wie winters!
Zum Reiten müssen Ihre Schuhe dann auch noch zwei andere Kriterien erfüllen: Sie sollten bis über die Knöchel gehen, damit sie Ihnen Halt geben; und die Schuhe sollten einen Absatz haben, damit Sie nicht mit den Füßen durch die Steigbügel rutschen oder gar darin hängen bleiben.

Westernboots oder Reitstiefel?
Ob Sie letztendlich lieber Westernboots oder Reitstiefel tragen, das ist ganz Ihrem Geschmack überlassen. Beide sind zum Reiten gut geeignet. Reitstiefel, ob die einfachen aus Gummi oder die edlere Variante aus Leder, haben allerdings einen Nachteil: Sie sind auf Dauer beim Laufen recht unbequem. Sie geben zwar mit ihren langen Stiefelschäften prima Halt auf dem Pferd, aber der lange Stiefelschaft stört auch, wenn man sich damit bewegen muss. Stiefel mit langen Schäften sind also nichts für passionierte Gelände- oder Wanderreiter. Westernboots sind da schon eher geeignet, wobei ich Ihnen auch dabei raten möchte, ganz genau zu schauen, ob sie auch auf Dauer bequem sind.

Für schicke Hüte gibt es auch Sicherheitsschalen.

Wanderschuhe sollten einen Absatz haben, damit sie nicht durch den Bügel rutschen.

Wanderschuhe

Wenn Sie sich beim Pferd viel bewegen, wenn Sie vielleicht den Stall ausmisten müssen, Ihr Pferd von der Weide holen oder auch während eines Ausrittes mal ein paar Meter laufen wollen oder müssen, dann werden Sie eines schätzen: ein solides Paar Wanderschuhe!
Achten Sie jedoch beim Kauf darauf, dass sie einen Absatz haben und nicht allzu klobig sind, denn dann wird es schwierig, sie in die Steigbügel zu bekommen. Außerdem habe ich die Erfahrung gemacht, dass man mit sehr klobigen Schuhen zu wenig Gefühl für feine Reiterhilfen hat. Sind diese Kriterien erfüllt, dann sind Wanderschuhe bestens zum Freizeitreiten geeignet. Sie sind in allen Preislagen erhältlich, von günstig beim Discounter über praktisch aus dem Arbeits- und Bauzubehör, bis hin zu edel und meist auch wasserdicht im Treckingshop.
Wer will, kann seine Schuhe um ein Paar Mini-Chaps ergänzen. Probieren Sie selbst aus, was Sie brauchen.

Tipp

Wenn Sie dressurreiten oder springen möchten, sind Sie mit Reitstiefeln meist besser beraten.

Welche Reithose?

Die Wahl der Reithose ist nicht ganz einfach: Da gibt es zum einen die klassische Stiefelhose, die Sie, wie der Name sagt, mit Wadenchaps oder Stiefeln reiten. Die Hosen gibt es in unterschiedlicher Stoffqualität und mit Knie- oder Vollederbesatz. Heutzutage ist der Lederbesatz meist aus Ledererersatz. Die neuen Materialien sind ebenfalls rutschfest im Sattel, aber pflegeleichter als Leder.

Die Stoffqualität ist Geschmackssache, schließlich müssen Sie die eng anliegende Hose auf der Haut tragen. Das muss aber nicht unbedingt teuer sein; die modernen Kunststofffasern sind nämlich sowohl angenehm zu tragen als auch haltbar. Die „einfachsten" Rippstoffhosen sind deshalb auch für Sommer und Winter geeignet.

Die Frage, ob Sie eine Vollleder- oder Kniederbesatz-Hose kaufen, entscheidet im Zweifelsfall Ihr Geldbeutel. Aber denken Sie daran, man reitet nicht zwangsweise besser, nur weil man etwas mehr Leder an der Hose hat. Und die weißen Turnierreithosen haben in der Regel gar keinen Lederbesatz – und damit wird gar nicht so schlecht geritten, oder?

Jodhpurs

Islandpferdereiter schwören auf diese Hosen, die schon als „out" galten, und auch die Wanderreiter nehmen kaum etwas anderes: Jodhpurhosen.

Zum turniermäßigen Dressurreiten werden Sie Lederreitstiefel benötigen.

Ich kann Ihnen diese Hosen eigentlich nur empfehlen, schon alleine, weil Sie die Stiefel sparen ...

Jeans

Womit Cowboys stundenlang im Sattel sitzen, das kann nicht unbequem sein. Sie können nämlich gut in einer klassischen Jeanshose reiten. Sie müssen nur darauf achten, dass die Hose gut sitzt und keine Falten wirft, und dass sie keine dicke Naht an der Beininnenseite hat, mit der Sie sich wund scheuern. Übrigens: Westernreiter tragen Chaps über den Jeans, um den Halt zu verbessern und die Hose zu schonen – aber Chaps sind leider nicht ganz billig.

Unterwäsche muss gut sitzen.

Schickes für darüber ...

Drüber und drunter

Was Sie drüber tragen, sieht jeder, was Sie drunter tragen nicht. Ihre Unterwäsche sollte beim Reiten eng anliegen und keine dicken Nähte haben, also nichts, was scheuern könnte. Besonders gut geeignet ist deshalb Baumwoll- oder Sportunterwäsche aus High-Tech-Materialien. Und weil ja wirklich niemand sieht, was Sie drunter tragen, brauchen Sie auch keine „echte" Reitsportunterwäsche.

Skiunterwäsche

Besondere Unterwäsche zum Reiten brauchen Sie eigentlich nur im Winter. Es ist nämlich, gerade wenn Sie draußen reiten, ohne lange Unterwäsche viel zu kalt. Aber hierfür ist Skiunterwäsche bestens geeignet – und in der Regel auch bezahlbar! Oft wird sie sogar im Supermarkt günstig angeboten.

Hauptsache praktisch

Die Jacke, die Sie zum Reiten tragen, die sieht natürlich jeder. Wenn Sie schick sein möchten, müssen Sie deshalb auch etwas tiefer in die Tasche greifen, als wenn alleine praktische Aspekte eine Rolle spielen.

T Tipp

Sie bekommen günstige Sportunterwäsche immer mal wieder im Kaufhaus oder Supermarkt angeboten.

Viel Geld können Sie allerdings sparen, wenn Sie keine spezielle Reitjacke kaufen. Natürlich muss Ihre Jacke dann ein paar Kriterien erfüllen: So ist es zum Beispiel fürchterlich unpraktisch, wenn Sie sich beim Reiten ständig auf die Jacke setzen! Achten Sie also darauf, dass die Jacke nicht zu lang ist.
Wenn Sie eine längere Jacke tragen wollen, was im Winter ja durchaus angenehm ist, dann muss die Jacke einen Reißverschluss haben, den man auch von unten öffnen kann, einen so genannten Zwei-Wege-Reißverschluss.

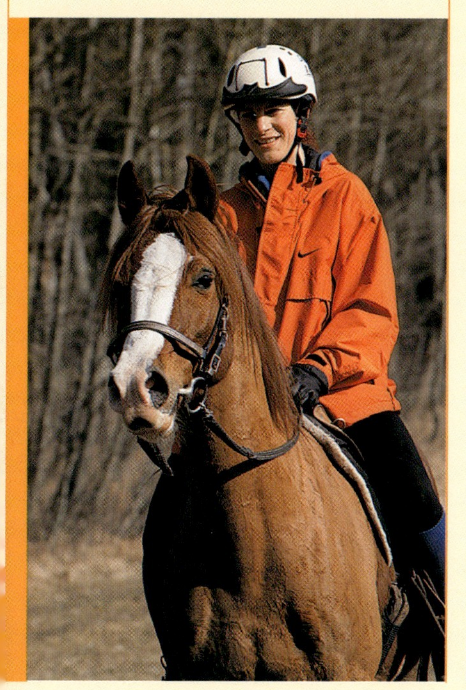

Dann können Sie die Jacke unten aufmachen, wenn Sie im Sattel sind, und sitzen nicht ständig auf der Jacke.
Fast ein Muss sind Reißverschlüsse: Ich habe die Erfahrung gemacht, dass Jacken, die man nur mit Knöpfen schließen kann, den Belastungen beim Reiten nicht standhalten. Die Knöpfe reißen ständig ab. Vor allem, wenn man gerade aufs Pferd steigt oder wieder herunter... Kaufen Sie also lieber gleich eine Jacke mit einem stabilen Reißverschluss.

Niemals ohne Kappe

Es gibt da noch etwas, woran Sie nicht sparen sollten – an der Reitkappe! Sie können sie nicht einfach weglassen oder durch etwas Günstigeres ersetzen. Sie sollten sie auch nicht gebraucht kaufen, es sei denn, Sie können sicher sein, dass sie noch nie einen Sturz hatte. Und wie gesagt, Sie sollten natürlich nicht auf eine Kappe verzichten!
Je nach Reitweise gibt es für Sie geeignete Kappen: Jofa-Helme für den Isi-Reiter, samtbezogene Reitkappen für den Dressurreiter, Innenschalen für den Westernhut und für alle natürlich die praktischen Reithelme, die im Design den Fahrradhelmen ähneln. Diese sind sehr bequem, man schwitzt nicht darunter und sie sind mit verschiedenen Oberflächen erhältlich. Es gibt keinen Grund, sie nicht aufzusetzen!

Eine Wander- oder Trekkingjacke ist sehr praktisch.

Gut sichtbar ist man mit einer reflektierenden Sicherheitsweste.

Leuchtende Sicherheit

Wer auch im Winter gerne ins Gelände geht, der kommt doch schnell mal abends in die Dämmerung. Sie sollten dann unbedingt etwas Leuchtendes und Reflektierendes dabei haben, damit man Sie und Ihr Pferd sehen kann. Dies gilt nicht nur, wenn Sie regelmäßig große Straßen überqueren müssen, auch im Wald fahren immer mal Autos!
Sie können Ihrem Pferd also eine reflektierende Decke kaufen. Diese Decken haben einen Sattelausschnitt und bedecken den Rücken des Pferdes. Mit diesen Decken sind Sie für jedermann als Reiter erkennbar.
Aber auch Sie selbst sollten sichtbar sein. Am besten, Sie tragen eine Leuchtweste. Die Weste muss aber nicht unbedingt ein leuchtendes Pferd auf dem Rücken haben. Sie bekommen sie nämlich günstiger und ebenso stark leuchtend in jedem Baumarkt oder Geschäft für Baustellenzubehör.
Solche Westen können Sie auch unproblematisch in einer (Sattel-)Tasche verstauen und haben sie immer dabei, wenn Sie unverhofft in die Dämmerung geraten.

Tipp

Mit einer Helmlampe aus dem Treckingbedarf können Sie sich auch selbst den Weg im Dunkeln leuchten. Sie werden dann nicht nur besser gesehen, sondern Sie selbst sehen auch, wohin Sie und Ihr Pferd gehen!

Transportkasten

Wie verstauen Sie eigentlich Ihr Putzzeug? Und wie bewahren Sie Ihr Verbandsmaterial auf? Ihre Medikamente für den Notfall sollen ja nicht wild durch den Sattelschrank purzeln, oder? Sicher, eine professionelle Stallapotheke ist den meisten Menschen viel zu teuer, aber ein Näh- oder Werkzeugkasten tut ebenso gute Dienste und ist überall günstig zu erstehen.
In solch einem Kasten können Sie auch prima Ihr Putzzeug transportieren und aufbewahren. Manche Menschen schwören auch auf die besonders günstigen Kästen, die oben offen sind. Ich persönlich finde sie etwas unpraktisch, weil immer etwas heraus- und jeder Dreck hereinfällt. Vielleicht habe ich auch einfach schlechte Erinnerungen daran, dass mir als Kind immer aus solchen Kästen das Putzzeug herausgefallen ist, während ich mit dem Fahrrad über Stock und Stein auf dem Heimweg war. Ich würde Ihnen jedenfalls einen geschlossenen Kasten empfehlen.

Seilschaften

Zum Putzen und zum Anbinden gehört ein Strick. Den bekommen Sie günstig im Baumarkt – und den dazugehörenden Panikhaken oder Bullsnap auch. Aber achten Sie darauf, dass der Strick nicht zu dünn ist und gut in der Hand liegt.

Check

Wieviel Putzzeug braucht der Mensch fürs Pferd?

- **Plastik- oder Noppenstriegel für den gröbsten Dreck**
- **Wurzelbürste für die Beine**
- **weiche Bürste für den Kopf und zum Staubrausbürsten**
- **Hufkratzer, am besten gleich mit Bürste**

Ganz so voll braucht Ihr Putzkasten nicht zu sein.

Das

leibliche Wohl

Pferde zu halten ist teuer, einen pferdegerechten Stall zu bauen, das kostet eine ganze Menge Geld. Aber es gibt ein paar Tricks, wo Sie sparen können – natürlich ohne Einbußen an Lebensqualität für Ihr Pferd!

Wohngemeinschaft

Viele Pferde leben in Ein-Zimmer-Apartments, die nicht besonders pferdegerecht sind. Besser, und damit artgerechter, ist Gruppenhaltung.
Nun ist die Gruppenhaltung nicht mit weniger Aufwand verbunden; man muss nämlich viel mehr Fläche abmisten und man hat es auch viel schwerer, die einzelnen Pferde individuell und damit bedarfsgerecht zu füttern. Aber auch hierfür gibt es ein paar kostengünstige Tipps und Tricks, denn nicht jeder Stall hat dafür gleich eine computergesteuerte Fütterungsanlage.

Eigenregie

Gerade Offenstallpferde werden häufig in Eigenregie gehalten. Ein Grund dafür ist sicherlich, dass es gar nicht so einfach ist, einen guten Offenstall zu finden. Deshalb machen sich viele Menschen die Mühe, ihre Pferde selbst zu versorgen. Häufig werden Offenstallpferde auch von Haltergemeinschaften versorgt. Dies ist eine gute Lösung, solange Sie sich mit den anderen Pferdebesitzern gut verstehen. Sie haben dann nämlich wieder einmal die Möglichkeit, Zeit und Geld zu sparen!
Wenn Sie gemeinsam ein Grundstück pachten, sparen Sie schon einmal Pacht. Wenn Sie gemeinsam Heu und Stroh kaufen, dann bekommen Sie größere Mengen im Verhältnis immer günstiger als kleine. Häufig gilt dies natürlich auch für Kraftfutter, das Sie ebenfalls in größeren Mengen günstiger bekommen. Hier sollten Sie aber darauf achten, dass Sie Futter nicht zu lange einlagern: Besonders im Sommer sollten Sie alle 3–4 Wochen frisches Futter holen.

Über ein paar Leckerlis freut sich Ihr Pferd.

Futterzeit

Liebe geht durch den Magen! Und wem sein Pferd am Herzen liegt, der sollte sich über die Fütterung besonders viele Gedanken machen!
Wenn Ihr Pferd in einer Einzelbox steht, dann lässt es sich natürlich leichter kontrollieren, wieviel Kraftfutter es bekommt. Aber auch bei Gruppenhaltung sollte man darauf achten, dass jedes Pferd die ihm zustehende Menge an Futter bekommt. Immer noch gibt es Ställe, in denen aus Bequemlichkeit alle Pferde ihr Kraftfutter in eine große Futterrinne geworfen bekommen. Auf diese Art und Weise werden die ranghohen Tiere zwar immer satt, aber Sie müssen sich dann auch nicht wundern, wenn rangniedrigere Herdenmitglieder einfach zu wenig zu fressen bekommen. Ziemlich sicher können Sie hingegen mit einer computergesteuerten elektronischen Einzelfütterungsanlage sein – solange Sie keine Probleme mit dem Computer und der Elektrik haben. Aber solche Anlagen kosten natürlich Unmengen.

Zum Fressen kann man einfach einen Eimer umhängen.

Wichtig

Pferde sollten möglichst kleine Rationen Kraftfutter erhalten, die auf so viele Mahlzeiten am Tag wie möglich verteilt werden.

Check

Wieviel Futter für mein Pferd? (bei leichter Arbeit)

Rasse	geschätztes Gewicht	Kraft-futter	Raufutter
Reitpony	300–400 kg	0,5 kg	3,5 kg Heu / 1 kg Stroh
Haflinger/Norweger	450–500 kg	0,5 kg	4 kg Heu / 1,5 kg Stroh
Araber	400–500 kg	3 kg	4,5 kg Heu / 1,5 kg Stroh
Warmblut	550–650 kg	3,5 kg	5 kg Heu / 1 kg Stroh

Viel günstiger und nicht weniger individuell sind zwei andere Möglichkeiten: Entweder binden Sie die Pferde im Offenstall an und nehmen normale Turnierkrippen, die Sie bei dem jeweiligen Pferd einhängen. Oder Sie hängen dem Pferd einen Baueimer mit einem selbst befestigten Band um.
Die erste Möglichkeit hat den Vorteil, dass alle Pferde ungestört fressen können, aber den Nachteil, dass Sie jedes Pferd einzeln anbinden müssen (aber dafür genügt mit etwas Training ein Halsriemen!).

Die Eimermethode geht sehr viel schneller, ist aber nur geeignet, wenn es keine ranghohen Pferde gibt, die versuchen, einem rangniedrigeren Genossen den Eimer abzujagen! Dieser würde den Eimer dann liebend gerne loswerden und flieht und flieht...
Ich würde Ihnen diese Methode eigentlich nur für kleinere Gruppen empfehlen. Bei zwei bis drei Pferden lässt sich gut sicherstellen, dass alle in Ruhe auffressen können. Wenn Sie aber zehn Pferde füttern müssen, dann binden Sie sie lieber an!

Tipp

Passen Sie die Kraftfutterration der tatsächlichen Leistung an!

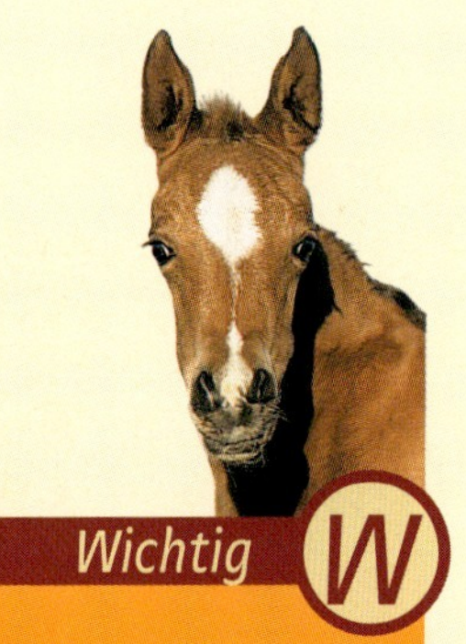

Wichtig

Zu einer Futterration gehören immer auch ein Salzleckstein und Mineralfutter!

Hauptsache, es gibt genug:

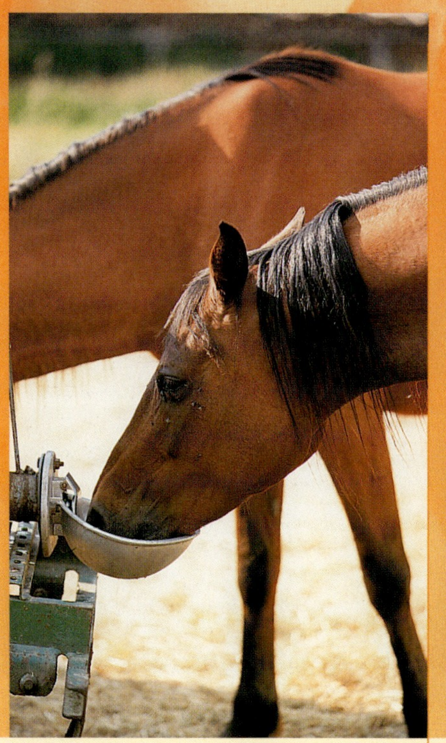

Wasser kann aus Selbsttränken, Eimern oder ...

Wichtig

Selbsttränken sollten täglich kontrolliert werden!

Wasser marsch

Über die Wasserversorgung macht man sich als Pferdebesitzer oft zu wenig Gedanken. Wenn Selbsttränken vorhanden sind, ist das ja auch kein Problem. Aber was ist, wenn diese einmal defekt sind? Oder im Winter, wenn die Tränken eingefroren sind?
Eimer schleppen, das macht nicht wirklich Spaß. Aber was können Sie sonst tun, wenn Ihre Weide keine Wasserversorgung hat oder Ihre Tränken ausgefallen sind? Besorgen Sie sich einen oder mehrere große Mörtelkübel aus dem Baubedarf und füllen Sie diese mit Wasser. Wenn Ihr Wasserschlauch bis zu den Bottichen reicht, brauchen Sie gar keine Eimer zu tragen! Ich kannte übrigens einen Stallbesitzer, der die

Wichtig

Wasser sollte Pferden immer zur Verfügung stehen – wenn das nicht möglich ist, dann tränken Sie vor und nach der Fütterung!

... aus einem Bach getrunken werden.

Mörtelkübel auf den Paddocks immer mit der Schubkarre auffüllte: Sein Wasserschlauch reichte nicht bis in die Paddocks, und einzelne Eimer zu schleppen dauerte ihm zu lange. Also ließ er eine große Schubkarre voll mit Wasser laufen und goss dieses dann in die Mörtelkübel. Leider ist dies nur ein Tipp für starke Männer – ich habe es zumindest nicht geschafft.

Eiseskälte

Gegen eingefrorene Tränken helfen verschiedene beheizbare Tränkensysteme, bei einem größeren Pferdebestand

Tipp T

Pferde brauchen am Tag 5–10 Liter Wasser pro 100 kg Körpergewicht!

lohnt sich die Anschaffung in der Regel immer! Aber wenn Sie nicht gleich 20 Pferde mit Wasser versorgen müssen und es bei Ihnen nicht monatelang bitterkalt bleibt, genügt Ihnen vielleicht auch folgender Trick:
Füllen Sie die Mörtelkübel im Winter mit warmen Wasser auf, dann frieren sie nicht so schnell wieder ein! Vielleicht haben Sie sogar Glück und Sie brauchen beim nächsten Tränken nur einmal warmes Wasser hinterhergießen und die Eisschicht auf dem Kübel taut!

Wasser auf der Weide

Glücklich kann sich schätzen, wer im Weidebereich einen Bachlauf oder eine Quelle hat. Hier können sich die Pferde selbst bedienen, die Wasserversorgung ist kein Problem mehr! Und wenn Sie Glück haben, dann ist der Wasserdruck sogar stark genug, um im Winter nicht einzufrieren. Ein Nachteil des natürlichen Wasserlaufs auf der Weide liegt aber auf der Hand: Nur zu schnell zertrampeln Pferde die gesamte feuchte Umgebung. Es lohnt sich also, den Wasserzugang zu befestigen.

Hauptnahrungsmittel

Raufutter ist das Hauptnahrungsmittel Ihres Pferdes. Pferde, die nicht gerade zum „Dickwerden“ neigen, sollten ruhig den ganzen Tag Zugang zum Heu haben. Da stellt sich nun die Frage, wie man das Heu am besten füttert, denn die früher üblichen, hoch angebrachten Heuraufen sind nicht gut für den Pferderücken und lassen den Pferden den Heustaub in die Nüstern fallen.
Vom Boden zu füttern, ist sicher die bessere Alternative: Die Pferde können in natürlicher Haltung fressen. Leider geht auf diese Art und Weise immer recht viel Heu verloren, weil die Pferde darauf treten oder es beim Fressen aus Versehen aus ihrem Stall hinaus, auf die andere Seite des Zaunes befördern.

Wichtig

Idealerweise geben Sie Ihrem Pferd den ganzen Tag die Möglichkeit zur Raufutteraufnahme!

Pferde sollten möglichst vom Boden fressen können.

Tipp

Eine Alternative für Heustauballergiker ist Grassilage, die Sie genauso verfüttern können wie Heu.

Heuraufe

Gut geeignet sind die handelsüblichen Heuraufen, je nach Anforderungen mit oder ohne Dach. Wem sie zu teuer sind, der kann sich leicht eine Heuraufe aus Holz selber bauen. Eine Rundraufe zu bauen ist natürlich etwas komplizierter, aber eine einfache, eckige Raufe zu zimmern ist nicht schwer.
Die Größe Ihrer Heuraufe sollte von der Größe Ihrer Pferdeherde abhängen. Ob Sie ein Dach für die Raufe brauchen, hängt unter anderem auch von deren Größe ab: Wenn ein ganzer Großballen Heu hineinpasst, dann möchten Sie diesen sicher nicht verregnen lassen, aber wenn Ihre Raufe nur Heu für ein paar Stunden fassen kann, dann schadet der Regen natürlich nichts.
Eine runde Heuraufe für den Auslauf können Sie sich auch aus zwei alten LKW-Reifen bauen, die Sie miteinander verschrauben.

Raufutter-Check

Gutes Heu ist

- grünlich, natürlich
- leicht ausgebleicht
- weich
- leicht rau
- riecht aromatisch
- enthält sehr wenig Staub

Schlechtes oder verdorbenes Heu ist

- grau / braun
- angeschimmelt
- nass
- riecht muffig
- enthält Dreck, Schimmel oder Kadaver

Rundraufen kann man fertig kaufen.

Holz ist sicher, ...

... ob bei Ausläufen oder in kleinen Paddocks.

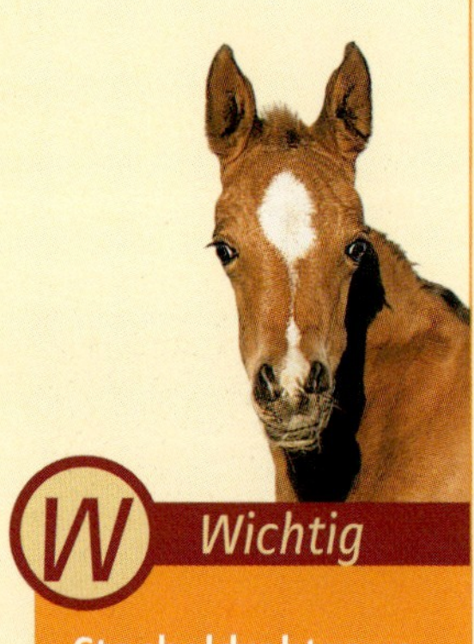

W Wichtig

Stacheldrahtzaun ist für Pferde nicht geeignet; im Gegenteil, er ist äußerst gefährlich und tierschutzrechtlich bedenklich!

Sicher ist sicher

Um zu verhindern, dass Pferde aus der Koppel oder Weide ausbrechen und auf eine Straße geraten, braucht man einen sicheren Zaun. „Sicher" bedeutet, dass der Zaun wirklich ausbruchssicher ist, auch wenn mal ein Pferd meint, dass jenseits des Zauns besseres Gras wächst oder sich die ganze Herde vor Silvesterknallern erschreckt.

Es ist ein Unterschied, ob es sich um Ihren Außenzaun handelt oder um eine Abtrennung innerhalb Ihres Grundstücks, beispielsweise um verschiedene Weidestücke voneinander abzugrenzen. Die inneren Zäune müssen natürlich nicht ganz so sicher sein wie die äußeren. Es sei denn, Sie müssen einen Hufrehe-Patienten davon abhalten, auf die große Weide mit dem hohen Gras zu kommen oder Sie müssen Stuten und Hengste trennen! Wir hatten schon eine Stute, die unter einer zweireihigen Litze hindurch zum Hengst geklettert ist.

Holzzaun

Holzzäune sind die wohl gebräuchlichsten Zäune für Pferde. Sie haben den Vorteil, dass sie recht haltbar sind und auch für Pferde nicht gefährlich. Da Pferde ihrerseits Holz zu schätzen wissen, nagen sie gerne die Holzlatten an. Um sie zu schützen, empfiehlt es sich, innen am Holzzaun eine Stromlitze zu ziehen. Damit ersparen Sie sich das ständige Erneuern des Zaunes.

Holz verrottet natürlich auch, aber wenn Sie es imprägnieren wollen, denken Sie daran, dass Ihre Pferde das Holz anknabbern. Sie sollten also keinen Anstrich verwenden, der giftig ist.

Holzlatten sind nicht ganz billig, aber Sie können vielfach günstige, dünne Fichtenstämme bekommen. Fragen Sie doch einmal Ihren zuständigen Förster!

Elektrozaun

Der Elektrozaun ist definitiv der günstigste Zaun. Er eignet sich entweder als Ergänzung zu dem oben genannten

Holzzaun oder für eine Abgrenzung im Innenbereich. Die Elektrolitze sollte immer mehrfach gezogen werden. Je nachdem, ob Sie Kletterkünstler in Ihrer Pferdereihe haben oder nicht, brauchen Sie drei oder vier Reihen Elektroband. Sparen sollten Sie übrigens nicht unbedingt beim Kauf der Litze: Dünnere Bänder halten einfach nicht so lange und müssen nur umso schneller durch neue ersetzt werden. Wir haben gute Erfahrungen mit dicker Kordellitze gemacht; probieren Sie sie ruhig einmal aus.

Metallzäune

Zaunelemente aus verzinktem Stahlrohr werden sowohl zum Aufbau von Round Pens als auch für Stallanlagen und Zäune angeboten. Sie sind in der Regel sehr gut geeignet und verrotten auch nicht. Aber sie sind sehr teuer. Man sieht immer wieder Versuche, Pferde hinter Leitplanken oder Ähnlichem einzuzäunen: Lassen Sie davon besser die Finger, Sie verschandeln nicht nur die Landschaft, Sie gefährden auch Ihre Pferde, die sich an den scharfen Kanten ernsthaft verletzen können!

Nicht nur unschön, sondern auch ungeeignet: An Leitplanken sind scharfe Kanten.

Elektrolitze – günstig und flexibel

Stroh ist günstig.

Pferde mit Stauballergie stehen besser auf Spänen.

Das gemachte Bett

Bei der Einstreu sparen? Ob das geht? Aber durchaus: Denken Sie zuallererst daran, dass Sie sich in den meisten Fällen sowieso für die günstigste Einstreu entschieden haben, nämlich für Stroh! Stroh ist auch sehr gut geeignet, es saugt die Feuchtigkeit auf und die Pferde können daran knabbern. Am geeignetsten sind Roggen- und Weizenstroh. Haferstroh jedoch mögen Pferde am liebsten.
Weniger gut geeignet ist Stroh, wenn eines Ihrer Pferde Stauballergiker ist. Dann sollten Sie sich für eine Einstreu aus Spänen entscheiden. Die ist leider etwas teurer, aber bei Lungenproblemen unverzichtbar.

Kunststoffmatten

Sowohl Stroh als auch Späne können Sie sparen, wenn Sie in Ihren Stall Gummimatten legen. Die Erstanschaffung ist zwar teuer, aber im Laufe der Jahre sparen Sie natürlich eine Menge Einstreu. Abgesehen davon, dass Sie entsprechend weniger Mist haben, dessen Entsorgung Arbeit und Geld kostet.
Sie können versuchen, Kunststoffmatten gebraucht zu bekommen. Pferdehalter geben diese Matten zwar selten wieder her, aber Sie können durchaus auch Glück haben und welche aus der Rinderhaltung bekommen. Schauen Sie am besten in Ihrer Lokalzeitung und in den Landwirtschaftsblättern Ihrer Region nach; dort werden Sie am ehesten fündig.

Der Aufenthalt im Stallzelt ist teuer – eine Regendecke und ein Paddock reichen in der Regel auch.

Unterwegs

Und wenn Ihr Pferd einmal nicht im heimischen Stall übernachten kann? Vielleicht sind Sie auf Reisen oder besuchen ein größeres Turnier?
Wenn Sie dann nicht für viel Geld eine Box mieten möchten, dann bekommen Sie meist wesentlich günstiger ein Stück Wiese. Bauen Sie Ihrem Pferd doch einen Gartenpavillon auf, und schon hat es einen eigenen Unterstand! Unsere Pferde waren ihren wandelnden Zelten gegenüber anfangs etwas misstrauisch, aber sie haben sich gut daran gewöhnt und schon manche Nacht damit im Freien überstanden!
Zum Schluss noch ein Tipp für alle, denen auch der Pavillon noch zu teuer oder zu umständlich ist: Kaufen – oder schneidern – Sie Ihrem Pferd einfach eine Regendecke, auch damit kann ihm kein Unwetter mehr etwas anhaben!

Reisebekleidung

Für Ihre eigene Reisebekleidung empfehle ich Ihnen eine Treckingjacke (s. Seite 46/47).
Wenn Sie lang im Sattel sitzen, dann habe ich aber noch einen besonderen Tipp für Sie: Gegen Wundreiten auf langen Strecken helfen Radfahrerhosen. Sie sind gepolstert und besonders bequem. Und man bekommt sie immer wieder günstig bei Discountern. Probieren Sie es aus! Ich wünsche Ihnen damit allzeit guten Ritt!

Zum Weiterlesen

Bender, Ingolf
Praktische Pferdehaltung. Pferde optimal versorgen – in Auslauf, Stall und Weide. Stall- und Auslaufsysteme, Fütterungs- und Tränkeeinrichtungen, Tore und Einzäunungen. Kosmos Verlag, Stuttgart 2002.

Bender, Ingolf
Praxishandbuch Pferdefütterung. Situations- und leistungsgerecht füttern, individuelle Rationen zusammenstellen, Kondition nachhaltig verbessern. Kosmos Verlag, Stuttgart 2000.

Bender, Ingolf
Praxishandbuch Pferdeweide. Anlage einer Pferdeweide, Weidepflege, Weidemanagement. Kosmos Verlag, Stuttgart 2003.

Gast, Christiane und Ulrike
Der Pferdekauf in der Praxis. Alles, was der Pferdekäufer wissen muss. Extrateil: Welches Pferd passt zu mir? Kosmos Verlag, Stuttgart 2002.

Gast, Christiane und Ulrike
Pferde pflegen – perfekt präsentieren. Kompaktwissen rund um die Pferdepflege und -maniküre. Kosmos Verlag, Stuttgart 2003.

Gohl Christiane
Pferde und Ponys. Praktischer Pferde- und Ponyführer zum Mitnehmen. Kosmos Verlag, Stuttgart 2003.

Gohl, Christiane
Was der Stallmeister noch wusste: Neue Tipps rund ums Reiten. Ausflüge in eine Zeit, in der das Reiten kein Hobby, sondern ein wichtiger Teil des Lebens war, bringen Kurioses, Amüsantes und vor allem erstaunlich Nützliches ans Licht. Kosmos Verlag, Stuttgart 2002.

Gohl, Christiane und Hildegard Tollkötter-Büttner
Pferdesachen selber machen: Nützliches und Originelles für Pferd und Reiter. Mit Extra-Tipps von Stefanie Tücking. Kosmos Verlag, Stuttgart 2000.

Haller, Martin
Der neue Kosmos-Pferdeführer. Pferderassen aller Welt, beschrieben in Charakter, Körperbau, Ansprüchen und Eignung für bestimmte Sportarten. Kosmos Verlag, Stuttgart 2003.

Körber, Hans-Dieter
Huf, Hufbeschlag, Hufkrankheiten. Handbuch über den Huf, umfassende Infos über Anatomie des Hufes, Stellungsfehler, Hufpflege, Beurteilung des Pferdes vor dem Beschlag, Spezialbeschläge, Huferkrankungen. Kosmos Verlag, Stuttgart 2003.

Kasper, Armin
Hufkurs für Reiter. Erklärungen zur Pflege der Pferdehufe, Anleitungen für kleine Korrekturen am Huf und zum Aufnageln verlorener Eisen; Hilfestellung bei der Beurteilung von alternativem Hufschutz. Kosmos Verlag, Stuttgart 1999.

Rau, Gisela und Burkhard
Der richtige Hufschutz für mein Pferd. Hufschutz für jeden Zweck und für alle Disziplinen; mit praktischer Produktübersicht. Kosmos Verlag, Stuttgart 2001.

Schacht, Christian
Pferdekrankheiten: Vorbeugen, erkennen und richtig handeln. Kosmos Verlag, Stuttgart 1999.

Wittek, Cornelia
Kräuter und Tees für Pferde. Die besten Rezepte für Pferde. Kosmos Verlag, Stuttgart 2002.

Nützliche Adressen

Deutsche Reiterliche Vereinigung (FN)
Freiherr-von-Langen-Str. 13
48231 Warendorf
Tel. +49-(0)2581-63620
Fax +49-(0)2581-62144
fn@fn-dokr.de

Vereinigung der Freizeitreiter und -fahrer in Deutschland (VFD)
Auf der Hohengrub 5
56355 Hunzel
+49-(0)6772-964428
+49-(0)6772-964429
www.vfdnet.de

Bundesfachverband für Reiten und Fahren in Österreich (BFV)
Geiselbergstr. 26–32 / 512
A – 1110 Wien
Tel +41-(0)1-7499261-0
Fax +41-(0)1-7499261-91
www.fena.at

Schweizerischer Verband für Pferdesport (SVPS)
Box 726
Papiermühlestr. 40 H
CH – 3000 Bern 22
Tel +31 (0)335-4343
Fax +31 (0)335-4358
www.svps-fsse.ch

TT.E.A.M.® News International – der sehr empfehlenswerte Newsletter mit Linda Tellington-Jones und vielen aktuellen Informationen und Artikeln zu TTOUCH und TT.E.A.M. erscheint viermal im Jahr auf Deutsch und kann über www.tteam.de bestellt und abonniert werden.

Zu Seminaren, Lehrgängen und Prüfungen rund ums Pferd besuchen Sie die Homepage der Kölner Pferde-Akademie: www.koelnerpferdeakademie.de

Register

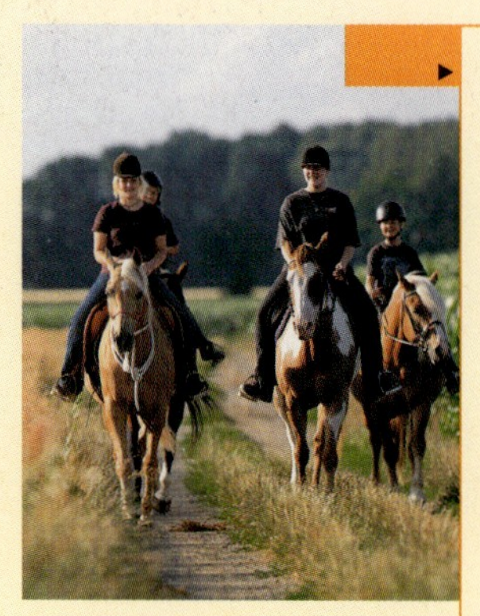

Impressum

Umschlag von eStudio Calamar
unter Verwendung von vier Farbfotos
von Ramona Dünisch.

Mit 70 Farbfotos.

Bibliografische Information
der Deutschen Bibliothek
Die Deutsche Bibliothek verzeichnet
diese Publikation in der Deutschen
Nationalbibliografie; detaillierte bibliografische Daten sind im Internet über
http://dnb.ddb.de abrufbar

Gedruckt auf chlorfrei gebleichtem Papier

ISBN 3-440-09705-6
Redaktion: Katja Rohrer
Gestaltungskonzept: eStudio Calamar
Gestaltung: Atelier Krohmer,
Dettingen/Erms
Produktion: Kirsten Raue,
Claudia Kupferer
Printed in Germany / Imprimé en
Allemagne

Bildnachweis

Farbfotos: Alle Fotos von Ramona Dünisch, mit Ausnahme von: Rainer Nardmann (S. 26, 32, 35, 36, 37, 38, 38/39, 40 re., 41 li., 52 li., Innenkl. re. u.), Julia Rau/Kosmos (S. 6, 42, 45), Klaus-Jürgen Guni/Kosmos (S. 7), Christof Salata/Kosmos (S. 9, 30, 40 li., 49, 51, Innenklappe re. o.), Ute Tietje/Kosmos (S. 31), Ralf Roppelt/Kosmos (S. 43), Holger Behling (Autorenfoto).

Postfach 10 60 11
D-70049 Stuttgart
TELEFON +49 (0)711-2191-0
FAX +49 (0)711-2191-422
WEB www.kosmos.de
E-MAIL info@kosmos.de